MARIA

UMA PEÇA E CINCO HISTÓRIAS

Imagem da capa: "Na calçada", fotografia de Aleksandr Rodchenko (1928)

Projeto gráfico: Marcos Kothlar
Preparação: Polina Vasiliev
Revisão: Samuel Titan Jr.

Catalogação na Fonte do Departamento Nacional do Livro
[Fundação Biblioteca Nacional]

Bábel, Isaac [1894-1941]
Isaac Bábel: Maria. Uma peça e cinco histórias
Tradução: Aurora Bernardini, Boris Schnaiderman,
Homero Freitas de Andrade, Rubem Fonseca
São Paulo: Cosac & Naify, 2003
144 p.
ISBN 85-7503-204-6 CDD 891.73

1. Literatura russa 2. Narrativa russa
3. Teatro russo 4. Isaac Bábel

Cosac & Naify
Rua General Jardim, 770, 2º andar
01223-010 -- São Paulo SP
Tel [55 11] 3218-1444
Fax [55 11] 3257-8164
info@cosacnaify.com.br
www.cosacnaify.com.br
Atendimento ao professor: [55 11] 3218-1466

ISAAC BÁBEL

MARIA
UMA PEÇA E CINCO HISTÓRIAS

Tradução
Aurora Bernardini
Homero Freitas de Andrade
Boris Schnaiderman
Rubem Fonseca

Cosac & Naify

ÍNDICE

SOBRE ESTE LIVRO

Mais que desconhecido e menos que familiar, Isaac Bábel (1894-1941) teve fortuna curiosa entre nós. Suas obras circulam há muito tempo no Brasil, dando prova de seu fascínio e de sua força narrativa: há nada menos que três edições diferentes de *Cavalaria vermelha*, sua obra mais famosa, e mesmo quem jamais o leu conhece esse contista russo que é uma das molas da ação de *Vastas emoções e pensamentos imperfeitos*, romance de Rubem Fonseca publicado em 1988. Ao mesmo tempo, são poucas e esparsas as traduções diretas, indispensáveis quando se trata de um autor de estilo tão singular, ao mesmo tempo áspero e burilado.

Maria – uma peça e cinco histórias traz uma amostra dos temas e facetas de Bábel, desta feita em versões diretas do original – salvo uma exceção notável.

O primeiro conto data de 1916. Transferindo-se, um ano antes, da Odessa natal para Petersburgo, a fim de tentar a sorte de escritor na cidade grande, Bábel cai nas boas graças de Górki, que cuida de publicar "Mamãe, Rimma e Alla". Nesta história de desolação doméstica, Bábel se mede com temas desprovidos de cor local e enfrenta o desafio de narrar eventos trágicos em ambientes mesquinhos, em tom avesso a sentimentalismos, mas com reservas de simpatia tácita pela sorte das personagens. A tradução do russo é de Aurora Bernardini e Homero Freitas de Andrade, da Universidade de São Paulo.

O segundo conto, "História do meu pombal", foi escrito em 1925, às vésperas da publicação em livro das histórias de *Cavalaria vermelha.* Judeu ucraniano de fala e cultura russas – como aliás o tradutor, Boris Schnaiderman –, ele retorna aos ambientes natais com mão firme e tintas sombrias para narrar e transfigurar um episódio doloroso de sua infância. A tradução que republicamos aqui apareceu pela primeira vez no volume IX da notável *Antologia do conto russo*, organizada por Vera Neverova e Otto Maria Carpeaux, publicada no Rio de Janeiro pela editora Lux em 1962. Se não verteu outros textos de Bábel para o português, Schnaiderman nem por isso foi menos marcado pelo narrador russo, que é uma das matrizes literárias de *Guerra em surdina* (1964), reunião de seus contos em torno à campanha brasileira na Segunda Guerra Mundial.

Finalmente, três contos de *Cavalaria vermelha* (1926), o grande livro que causou polêmica na União Soviética dos anos vinte por sua visão crua e sem antolhos da campanha russo-polonesa de 1920-21. Dois deles, "Uma carta" e "Meu primeiro ganso", foram traduzidos por Bernardini e Andrade, que ora preparam a primeira versão integral e direta da *Cavalaria* em português, a ser publicada proximamente por esta mesma editora, na coleção Prosa do Mundo. O terceiro foi vertido por Rubem Fonseca e publicado no *Jornal do Brasil* em 19 de novembro de 1988. Narrador de situações brutais e admirador confesso de Bábel, que comparece de nome e sobrenome no romance já citado ou na filigrana estilística de um conto como "A caminho de Assunção" (in *O Cobrador*, de 1979), Fonseca parece talhado para traduzir o autor russo: para Boris Schnaiderman, esta versão de "A morte de Dolguchov" supera em muito a versão inglesa da qual partiu e dá mostra da profunda confluência literária dos dois autores.

Fecha este volume a peça *Maria*, igualmente traduzida por Bernardini e Andrade. Publicada em 1935, faz pensar no ambiente acanhado das primeiras histórias do autor, mas também no teatro de Tchekhov – a peça foi muitas vezes comparada ao *Jardim das cerejeiras*. Vale notar que a ação se dá nos momentos que antecedem a campanha contra os poloneses – momento heróico da Revolução *e* da carreira do escritor. Ao longo da década de 1930, Bábel publica poucas narrativas e ganha a vida com artigos e roteiros adaptados. *Maria* é uma de suas poucas tentativas de romper o silêncio literário a que se recolhera, diante da linha política que o regime soviético buscava imprimir às letras nos anos anteriores aos Processos de Moscou. Em vão: a crítica cerrada do Partido obrigou dois teatros moscovitas a interromper os ensaios, e Bábel jamais chegou a ver sua peça encenada.

Os editores

1

MAMÃE, RIMMA E ALLA

Logo cedo, o dia já se anunciava difícil.

Na véspera, a empregada embirrou e foi embora. Varvara Stepánovna teve que fazer tudo sozinha. Em segundo lugar, de manhã cedo trouxeram a conta da luz. Em terceiro, os pensionistas, os irmãos Rastókhin, estudantes, apresentaram um pleito absolutamente inesperado. Diziam ter recebido naquela noite um telegrama de Kaluga com a notícia de que o pai deles estava doente e era indispensável ir vê-lo. Assim, eles liberavam o quarto e pediam de volta os sessenta rublos emprestados a Varvara Stepánovna.

Varvara Stepánovna respondeu que era muito esquisito liberar um quarto em abril, quando não havia ninguém para alugá-lo, e que, quanto ao dinheiro, teria dificuldade para devolvê-lo, pois não lhe fora dado como empréstimo, mas como pagamento do aluguel, pagamento esse, a bem da verdade, adiantado.

Os Rastókhin não chegaram a um acordo com Varvara Stepánovna. A conversa adquiriu um caráter lento e pouco amistoso. Os estudantes eram uns idiotas, turrões e obtusos, metidos em sobrecasacas longas e limpas. Achavam que tinham esbanjado o seu dinheirinho. Então o mais velho propôs a Varvara Stepánovna que lhes desse em penhor o guarda-louça da sala de jantar e o trenó.

Varvara Stepánovna ficou rubra e retrucou que não admitia que se falasse com ela naquele tom, que a proposta dos Rastókhin era completamente absurda, que as leis ela conhecia, já que seu marido era membro do tribunal distrital de Kamtchatka e assim por diante. O Rastókhin mais novo, acalorando-se, respondeu que eles cuspiam no fato de o marido dela ser membro do tribunal distrital de Kamtchatka, que se um copeque caía nas mãos dela, ninguém conseguia arrancá-lo, nem a unha, que a hospedagem na casa de Varvara Stepánovna, com toda aquela desordem, sujeira e confusão, eles jamais esqueceriam, e que o tribunal distrital de Kamtchatka ficava longe, ao passo que o juiz de paz de Moscou ficava perto...

E assim terminou a discussão. Os Rastókhin saíram zangados e carrancudos, e Varvara Stepánovna foi à cozinha preparar o café para seu outro pensionista, o estudante Stanislaw Marchocki. Do quarto dele, fazia já alguns minutos, vinha o som estridente e prolongado da campainha.

Varvara Stepánovna estava na cozinha diante da espiriteira, tinha apoiado em seu nariz gordo um pincenê de níquel estropiado pelos anos, seus cabelos eram grisalhos e desgrenhados, e a blusa matutina cor-de-rosa estava toda manchada. Preparava o café e pensava que jamais aqueles fedelhos teriam tido a coragem de falar com ela naquele tom não fosse a eterna falta de dinheiro, não fosse a infeliz necessidade de pedir emprestado, de fingir, de recorrer a artimanhas.

Quando a omelete e o café de Marchocki ficaram prontos, ela os levou para o quarto dele.

Marchocki era um polonês alto, ossudo, de cabelos claros, unhas cuidadas e pernas longas. Naquela manhã vestia uma elegante jaqueta caseira, cinza com alamares.

Varvara Stepánovna foi recebida com desagrado.

– Estou farto – disse ele – de nunca ter empregada, de ter que passar uma hora tocando e me atrasar para as aulas...

De fato, muitas vezes não havia empregada e Marchocki tinha de ficar tocando um tempão, mas dessa vez a causa de sua insatisfação era outra.

No dia anterior, à noite, estava sentado no sofá da sala de visitas com Rimma, a filha mais velha de Varvara Stepánovna. Varvara Stepánovna pegara os dois se beijando umas três vezes e se abraçando no escuro. Ficaram lá sentados até as onze, depois até meia-noite e finalmente Stanislaw encostou a cabeça no peito de Rimma e adormeceu. Quem na mocidade nunca adormeceu numa ponta de sofá, encostado no peito de uma ginasiana encontrada por acaso na estrada da vida? Não há nisso nada de mal, nem costuma haver maiores conseqüências; mesmo assim, é preciso ter consideração pelos outros e pensar que a garota provavelmente tem de ir ao ginásio na manhã seguinte.

Foi somente à uma e meia que Varvara Stepánovna declarou num tom bastante ácido que já estava na hora de acabar com aquilo. Marchocki, cheio de arrogância polonesa, apertou os lábios e ofendeu-se. Rimma fulminou a mãe com um olhar indignado.

A coisa não foi além disso. Mas, pelo visto, Stanislaw ainda se lembrava do assunto na manhã seguinte. Varvara Stepánovna serviu-lhe o desjejum, pôs sal na omelete e saiu.

Eram onze horas da manhã. Varvara Stepánovna abriu as cortinas no quarto das filhas. Os raios suaves e brilhantes de um sol frio pousaram no chão nada limpo, nas roupas espalhadas por toda parte, na estante coberta de pó.

As moças já estavam acordadas. Rimma, a mais velha, era magrinha, pequena, de olhos ágeis e cabelos pretos. Alla era um ano mais nova, ao todo dezessete, mais forte que a irmã, mais clara, lenta nos movimentos, tinha a pele macia e fofa e uma expressão docemente pensativa nos olhos azuis.

Quando a mãe saiu, ela começou a falar. Seu braço roliço e nu estava pousado sobre a coberta, e apenas os dedinhos brancos se moviam.

– Eu tive um sonho, Rimma – disse. – Imagine você: uma cidadezinha esquisita, pequena, russa, incompreensível... O céu é cinza-pálido, está muito baixo e o horizonte parece muito próximo. O pó nas ruelas também é cinza, fino, morto. Tudo está morto, Rimma. Não há qualquer ruído por perto, nem vivalma em parte alguma. E de repente, eu me vejo andando por travessas desconhecidas, ao longo de casinhas de madeira pequenas e silenciosas. Ora me encontro num beco sem saída, ora desemboco numa estrada onde só consigo enxergar dez passos à minha frente, mas continuo andando sem parar. À minha frente, em alguma parte, uma poeira leve ergue-se num rodamoinho. Eu me aproximo e vejo carruagens de núpcias. Numa delas está Mikhail com a noiva. A noiva está coberta por um véu e tem no rosto uma expressão feliz. Eu caminho ao lado das carruagens e parece-me que sou mais alta que todos e o coração me dói um pouco. Depois todos reparam em mim. As carruagens páram. Mikhail aproxima-se de mim, toma do meu braço e me conduz devagar até uma travessa. "Alla, minha amiga", diz ele com voz monótona, "tudo é muito triste, eu sei. Mas não se pode fazer nada, porque não amo você". Ando ao lado dele, meu coração parece saltar do peito, e novos caminhos cinzentos se abrem à nossa frente.

Alla calou-se.

– Um sonho ruim – acrescentou. – Quem sabe? Talvez por ser ruim, tudo irá melhorar e receberei uma carta.

– Que diabo – respondeu Rimma –, você devia ser mais esperta antes e não correr ao primeiro aceno. Mas hoje, você sabe, eu vou ter uma conversa com mamãe... – disse ela, inesperadamente.

Rimma levantou-se, vestiu-se e aproximou-se da janela.

Era primavera em Moscou. A sebe comprida e sombria, que

se estendia pelo lado oposto, ao longo de quase toda a travessa, brilhava de uma umidade cálida.

No jardinzinho junto à igreja, a grama estava molhada, verde. O sol dourava suavemente as molduras baças dos ícones, resvalando pelas imagens escuras, colocadas na coluna meio torta da mureta à entrada da igreja.

As moças passaram à sala de jantar. Varvara Stepánovna estava ali sentada, comendo bastante e com atenção, observando fixamente através dos óculos os biscoitos, o café, o presunto. O café ela bebia em goles curtos e ruidosos, mas os biscoitos ela comia depressa, avidamente, como que às escondidas.

– Mamãe – disse Rimma com severidade e levantou o rostinho com arrogância –, quero falar com a senhora. Não precisa estourar. Tudo há de se arranjar com calma e de uma vez por todas. Eu já não posso mais viver com a senhora. Dê-me a liberdade.

– Como quiser – respondeu Varvara Stepánovna tranqüilamente, levantando para ela os olhos sem cor. – É por causa de ontem à noite?

– Não é por causa de ontem, mas tem a ver com isso. Aqui eu sufoco.

– O que você pretende fazer?

– Assistir cursos, aprender taquigrafia, agora há procura...

– Agora há uma inundação de taquígrafas. Estão esperando só por você...

– Eu não vou viver às suas custas, mamãe – disse Rimma com voz estridente –, eu não vou viver às suas custas. Dê-me a liberdade.

– Como quiser – repetiu Varvara Stepánovna –, não sou eu quem vai segurá-la.

– Dê-me o passaporte também.[1]

– O passaporte eu não dou.

A conversa estava inesperadamente calma. Nesse instante, Rimma sentiu que o passaporte era motivo para elevar a voz.

– Essa é boa – riu com sarcasmo –, onde é que vão me registrar sem o passaporte?

– O passaporte eu não dou.

– Então vou me juntar com alguém – gritou Rimma, histérica –, vou me entregar a um policial...

– Quem vai querer você? – Varvara Stepánovna examinou com ar crítico a figurinha trêmula e o rosto inflamado da filha. – Se o policial não encontrar nada melhor...

– Irei para a Tverskaia – gritava Rimma –, arranjarei um velho. Não quero viver com você, com esta estúpida, estúpida, estúpida...

– Ah, é assim que você conversa com a sua mãe – Varvara Stepánovna levantou-se com dignidade –, em casa passamos necessidades, tudo está vindo abaixo, é a penúria, eu quero me esquecer, mas você... Seu pai vai saber disso...

---

1 Para os russos, o passaporte tem valor de documento de identidade. (N. T.)

– Eu mesma escreverei para Kamtchatka – gritou Rimma, furiosa –, papai me dará o passaporte...

Varvara Stepánovna saiu. A pequena e eriçada Rimma caminhava excitada pela sala. Frases isoladas e indignadas da futura carta ao pai passavam por sua cabeça.

"Querido paizinho!", ela escreveria, "o senhor tem seus negócios, eu sei, mas eu preciso lhe contar tudo... Deixemos por conta da consciência da mamãe afirmar que Stássik[2] adormeceu no meu peito. Ele dormia numa almofada bordada, mas o xis do problema é outro. Mamãe é sua mulher, o senhor será parcial, mas aqui em casa eu não posso continuar, ela é uma pessoa muito dura... Se o senhor quiser, irei para sua casa, em Kamtchatka, mas eu preciso do passaporte, paizinho..."

Rimma caminhava, e Alla, sentada no sofá, olhava para a irmã. Pensamentos tristes e calados iam se depositando em seu íntimo.

"Rimma está agitada", ela pensava, "e eu, infeliz. Tudo é complicado, tudo é incompreensível..."

Foi até o quarto e deitou-se. A seu lado passou Varvara Stepánovna num espartilho, empoada com exagero e ingenuidade, vermelha, despenteada e deplorável.

– Lembrei-me – disse ela – de que os Rastókhin vão partir

2 Diminutivo de Stanislaw. (N. T.)

hoje. Preciso devolver sessenta rublos. Ameaçam processar. Em cima do armário há uns ovos. Cozinhe-os para você, eu estou indo à casa de penhor.

Quando, por volta das seis da tarde, Marchocki chegou das aulas, encontrou no vestíbulo algumas malas prontas. Do quarto dos Rastókhin vinha barulho: parecia que brigavam. Ali mesmo, no vestíbulo, Varvara Stepánovna pediu-lhe, de modo fulminante e com uma determinação desesperada, dez rublos emprestados. Só quando já se encontrava em seu quarto foi que Marchocki chegou à conclusão de que tinha feito uma besteira. O quarto de Marchocki diferenciava-se dos outros cômodos do apartamento de Varvara Stepánovna. Era arrumado com asseio, repleto de bibelôs e coberto de tapetes. Nas mesas, encontravam-se dispostos em boa ordem instrumentos de desenho, cachimbos elegantes, tabaco inglês, facas brancas de osso para cortar papéis.

Stanislaw ainda não acabara de vestir seus trajes caseiros, quando Rimma entrou silenciosamente no quarto. A acolhida foi fria.

– Você está zangado, Stássik? – perguntou a moça.

– Não estou zangado – respondeu o polonês –, apenas pediria que me eximissem de presenciar os excessos de sua mãe.

– Tudo vai terminar logo – falou Rimma –, logo eu serei livre, Stássik...

Sentou-se ao lado dele no sofazinho e abraçou-o.

– Eu sou um homem – começou Stássik então –, este vegetar platônico não é para mim, tenho uma carreira pela frente...

Ele pronunciou com irritação todas as palavras que habitualmente, no final das contas, são ditas a certas mulheres. Não há o que falar com elas, ser carinhoso é aborrecido, e quanto a passar ao que importa, isso elas não querem.

Stássik dizia que o desejo o consumia; isto o impedia de trabalhar, deixava-o agitado; era preciso terminar de um jeito ou de outro; fosse qual fosse a decisão, dava-lhe na mesma, desde que houvesse uma.

– Por que essas palavras, agora? – sussurrou Rimma pensativa. – Por que agora esse "eu sou um homem" e "é preciso terminar", por que esse rosto frio e maldoso? Será que não podemos falar de outra coisa? É tão ruim, Stássik. A primavera está na rua, é tão bonito, e nós aqui discutindo....

Stássik não respondeu. Ambos ficaram em silêncio.

No horizonte, o crepúsculo incendiado extinguia-se, inundando de um brilho rubro o céu distante. Do outro extremo do céu descia uma penumbra ligeira, que se adensava aos poucos. O quarto era iluminado pela última luz avermelhada. No sofá, Rimma, cada vez mais terna, inclinava-se para o estudante. Passou-se entre eles o que costumava acontecer nessa hora, a mais bela do dia.

Stanislaw beijou a moça. Ela encostou a cabeça na almofada e fechou os olhos. Ambos se inflamaram. Dali a alguns minutos,

Stanislaw beijava-a sem cessar e num ímpeto de paixão cega e insaciável sacudia pelo quarto aquele corpinho magro e ardente. Rasgou-lhe a blusa e o corpete. Rimma, com os lábios fendidos e círculos em volta dos olhos, oferecia a boca aos beijos e, com um trejeito contraído e aflito, defendia a virgindade. Num desses momentos bateram à porta. Rimma começou a perambular pelo quarto, apertando de encontro ao peito os trapos pendentes da blusa rasgada.

Demoraram um pouco para abrir. Era um colega de Stanislaw que vinha visitá-lo. Com um olhar de zombaria mal disfarçada, acompanhou Rimma que se esgueirava ao lado dele. Ela entrou às escondidas em seu quarto, trocou de blusa e encostou-se ao vidro frio da janela para se acalmar.

Na casa de penhor, Varvara Stepánovna conseguiu apenas quarenta rublos pela prataria da família. Dez rublos ela tomara emprestados de Marchocki e, para completar o que faltava, correu a pé à casa dos Tíkhonov, desde Strástnoi até a Pokrovka. Na perturbação em que se encontrava, nem lhe passou pela cabeça que podia ir de bonde.

Em casa, além dos Rastókhin enfurecidos, esperava-a para tratar de um negócio o auxiliar de advogado Mirlits, um moço alto, com raízes apodrecidas no lugar dos dentes e olhos abobalhados, úmidos e acinzentados.

Algum tempo atrás, Varvara Stepánovna, sempre por falta

de dinheiro, começara a hipotecar por procuração a casinha do marido em Kolomna. Mirlits trouxera-lhe o documento da hipoteca. Varvara Stepánovna achava que o negócio não estava correndo como devia, que precisava aconselhar-se com alguém antes de fechá-lo, mas, disse a si mesma, eram tantas as preocupações que a sorte tinha lhe trazido... Que Deus esteja com todos eles, os pensionistas, as filhas, as grosserias.

Depois da conversa de negócios, Mirlits abriu uma garrafa de *Muskat-Liunel* da Criméia, que havia trazido consigo: ele conhecia a fraqueza de Varvara Stepánovna. Beberam um copinho e estavam prontos a repetir. As vozes aumentaram de volume, o nariz carnudo de Varvara Stepánovna foi ficando vermelho, as hastes de osso do espartilho foram ficando salientes a ponto de poderem ser contadas. Mirlits contou algo alegre e sufocava de riso. Rimma, de blusa nova, trocada, permanecia sentada num canto, silenciosa.

Depois de beberem o *Muskat-Liunel*, Varvara Stepánovna e Mirlits foram dar uma volta. Ela se sentia um pouco bêbada e se envergonhava, mas ao mesmo tempo dava na mesma, já que na vida havia tantos dissabores, que Deus a protegesse...

Varvara Stepánovna voltou mais cedo do que supunha, porque não encontrou em casa os Boiko, a quem tinha ido visitar. Ao voltar, ficou surpresa com o silêncio que encontrou no apartamento. Habitualmente, nessa hora as meninas brincavam com os estudantes, riam, corriam. Ouvia-se apenas um ruído vindo do banheiro. Varvara Stepánovna foi até a cozinha, onde, por uma janelinha, podia ver o que se passava no banheiro...

Aproximou-se da janela e viu uma cena estranha, incomum; viu o seguinte: a estufa onde se esquentava a água estava vermelha de tão quente. A banheira, cheia de água fervente. Rimma estava ajoelhada diante da estufa e tinha nas mãos o ferro de frisar cabelos. Ela o aquecia no fogo. Perto da banheira estava Alla, nua. Suas tranças longas estavam desfeitas e lágrimas corriam de seus olhos.

– Venha cá – disse a Rimma. – Ouça, talvez esteja batendo...

Rimma encostou a cabeça em seu ventre macio, ligeiramente inchado.

– Não está batendo – respondeu. – Tanto faz. Você não pode ter dúvidas.

– Eu vou morrer – murmurou Alla. – A água vai me queimar. Eu não vou agüentar. Não precisa do ferro. Você não sabe como fazer.

– É assim que todos fazem – falou Rimma. – Pare de choramingar, Alla. Você não pode parir.

Alla já estava prestes a entrar na banheira, mas não teve tempo, porque nesse momento ouviu-se a voz inesquecível, apagada e quase rouca da mãe:

– O que estão fazendo, meninas?

Cerca de duas horas mais tarde, Alla, bem agasalhada,

mimada e pranteada, estava na cama larga de Varvara Stepánovna. Ela contara tudo. Estava aliviada. Sentia-se uma menininha que tivera um ridículo sofrimento infantil.

Rimma movia-se pelo quarto, sem barulho e sem palavras, fez a limpeza, preparou o chá para a mãe, forçou-a a jantar e fez de tudo para o quarto ficar asseado. Depois acendeu a lamparina, na qual havia mais de duas semanas que não lembravam de colocar óleo, tirou a roupa e, procurando não fazer barulho, deitou-se na cama ao lado da irmã.

Varvara Stepánovna estava sentada à mesa. Via a lamparina, sua chama reta, vermelho-escura, iluminando palidamente a Virgem Maria.

Uma embriaguez leve e estranha ainda lhe vagava pela cabeça. As meninas adormeceram logo. O rosto de Alla estava branco, grande e tranqüilo. Rimma encostava-se nela, suspirava em sonhos e estremecia.

Por volta da uma hora, Varvara Stepánovna acendeu uma vela, colocou uma folha de papel à sua frente e escreveu uma carta ao marido:

"Querido Nikolai! Hoje veio o Mirlits, um judeu muito correto, e amanhã virá um senhor que dará o dinheiro pela casa. Eu acho que agi como devia, mas sinto-me cada vez menos tranqüila, porque não me sinto segura.

"Sei que você tem seus aborrecimentos, suas preocupações,

seu trabalho, e eu não deveria estar lhe escrevendo isto, mas a nossa casa, Nikolai, não vai como deveria. As meninas estão crescidas e a vida hoje exige muito: cursos, taquigrafia; as meninas querem mais liberdade. O pai é necessário, para, quem sabe, ralhar com elas; não dá para contar comigo. Cada vez mais acho que foi um erro sua ida para Kamtchatka. Se você estivesse aqui, teríamos mudado para Starokoliénni, onde há um apartamentinho claro para alugar.

"Rimma emagreceu e não tem bom aspecto. Durante um mês inteiro pegamos nata da leiteria em frente, as crianças melhoraram bastante, mas agora não dá mais. Meu fígado tem horas que dói, horas que não dói. Escreva mais. Depois de suas cartas fico mais cuidadosa, não como arenque e o fígado não me incomoda. Volte, Kólia, poderíamos descansar. As meninas mandam lembranças. Um beijo forte. Da sua Vária."

Tradução de Aurora Bernardini e
Homero Freitas de Andrade

2

HISTÓRIA DO MEU POMBAL

A MÁXIMO GÓRKI

Quando criança, eu queria muito possuir um pombal. Em toda a minha vida não tive desejo mais intenso. Tinha nove anos quando meu pai prometeu-me dar dinheiro para a madeira e para três casais de pombos. Estávamos em 1904. Eu me preparava para o exame de admissão à classe preparatória do ginásio de Nicoláiev. Meus pais viviam na cidade de Nicoláiev, no governo de Kherson. Esse governo não existe mais, e a nossa cidade passou a fazer parte da circunscrição de Odessa.

Eu tinha apenas nove anos, e temia os exames. Não podia tirar menos de cinco[1] em duas matérias: Russo e Aritmética. A quota em nosso ginásio era reduzida, apenas cinco por cento. Em quarenta meninos, apenas dois judeus podiam ingressar na classe preparatória[2]. Os professores argüiam esses alunos com

---

1 A nota máxima. Cada nota podia ser, no entanto, acrescida de um *plus* ou um *minus*. Por conseguinte, havia o "cinco com louvor", o "cinco com restrição" etc. (N. T.)

2 De acordo com o que se denominava *numerus clausus*, cada escola tinha um número limitado de vagas para alunos judeus. (N. T.)

malícia; ninguém era inquirido tão engenhosamente. Por conseguinte, prometendo comprar os pombos, meu pai exigia duas notas cinco, e com louvor. Ele acabou por me supliciar completamente, e mergulhei num infindável sonho em vigília, num longo e desesperado sonho infantil, e foi imerso nesse devaneio que me dirigi para o exame, e assim mesmo me saí melhor que os demais.

Eu assimilava bem a matéria. Embora os professores se desdobrassem em engenhosidade, não podiam tirar-me a inteligência e a memória sôfrega. A minha capacidade para o estudo garantiu-me duas notas cinco. Mas depois tudo mudou. Khariton Efrússi, exportador de trigo para Marselha, deu pelo seu filho uma propina de quinhentos rublos; atribuíram-me a nota cinco, mas com restrição, e o pequeno Efrússi foi admitido ao ginásio em meu lugar. Meu pai ficou muito acabrunhado. Ele me ensinava todas as ciências possíveis, desde os meus seis anos. A nota deixou-o desesperado. Ele quis espancar Efrússi ou pagar a dois estivadores para que o fizessem, porém minha mãe convenceu-o a desistir do intento e passei a me preparar para outro exame, no ano seguinte, desta vez para o primeiro ano. Meus pais, sem que eu soubesse, fizeram que o professor particular estudasse comigo, num ano, a matéria da classe preparatória e do primeiro ano, e como nós fizéssemos tudo com devoção, acabei decorando três livros: a gramática de Smirnóvski, o livro de problemas de Ievtuchóvski e o manual elementar de

História Russa de Putzikóvitch. As crianças não estudam mais esses livros, mas eu os decorei linha por linha e, no ano seguinte, recebi do professor Karaváiev, no exame de Russo, o inatingível cinco com louvor.

Esse Karaváiev estudara em Moscou e era um homem corado, que freqüentemente se indignava. Mal completara trinta anos. Um rubor floria suas faces másculas, como as têm os camponeses moços, e tinha numa delas uma verruga, da qual saía um tufozinho de pêlo de gato, cor-de-cinza. Além de Karaváiev, participou do exame o vice-curador Piatnítzki, considerado uma pessoa importante quer no ginásio, quer em todo o governo. O vice-curador interrogou-me sobre Pedro I e eu tive então uma sensação de esquecimento, de proximidade do fim e do abismo, um abismo árido, forrado de êxtase e desespero.

Eu sabia a respeito de Pedro, o Grande, o que havia no livro de Putzikóvitch e nos versos de Púchkin. Disse esses versos soluçando, e os rostos humanos rolaram de repente para dentro dos meus olhos e misturaram-se ali, como cartas recém-distribuídas. Eles se baralharam no fundo dos meus olhos e nesse momento, todo trêmulo e empertigado, desembestei a gritar o mais que pude as estrofes de Púchkin. Gritei-as muito tempo, e ninguém interrompeu o meu balbuciar demente. Através da cegueira purpúrea, através da liberdade que se apossara de mim, eu via apenas o rosto velho e inclinado de

Piatnítzki, de barba prateada. Ele não me interrompeu e apenas murmurou para Karaváiev, que se alegrava por mim e pelo poeta:

– Que gente! Estes seus judeus têm o diabo no corpo.

E, depois que me calei, disse-me:

– Está bem, pode ir, meu filho...

Saí da classe para o corredor, e ali, apoiado à parede sem caiamento, comecei a acordar da cãibra dos meus sonhos. Meninos russo brincavam à minha volta, o sino do ginásio pendia perto, sob um lance da escada o vigia cochilava numa cadeira furada. Eu olhava o vigia e ia acordando. As crianças esgueiravam-se de todos os lados na minha direção. Queriam dar-me um piparote ou simplesmente brincar um pouco, mas de repente Piatnítzki apareceu no corredor. Tendo passado por mim, deteve-se um instante, a sobrecasaca moveu-se sobre suas costas, num ondear difícil e vagaroso. Vi confusão nessas costas amplas, carnudas, senhoris, e acerquei-me do velho.

– Crianças – disse ele aos ginasianos –, não toquem neste menino – e colocou a mão gorda, carinhosa, sobre o meu ombro.

– Meu filho – e Piatnítzki virou-se para mim –, diga a seu pai que você foi admitido ao primeiro ano.

A estrela pomposa brilhou sobre seu peito, outras condecorações retiniram junto ao forro da sobrecasaca, e o seu corpo grande, negro, um corpo de uniformizado, começou a se afastar sobre as pernas eretas. Estava comprimido pelos muros sombrios, movia-se entre eles como uma barcaça num canal profundo, e desapareceu atrás da porta do gabinete do diretor. Um servente miúdo levou-lhe chá, com um ruído solene, e eu corri para casa, para a venda de meus pais.

Estava sentado ali um freguês, um mujique a se coçar com ar incrédulo. Ao me ver, meu pai deixou o mujique e acreditou sem a menor vacilação no meu relato. Gritou ao caixeiro que fechasse a venda e correu para a rua Sobórnaia[3], a fim de me comprar o chapéu com escudo[4]. Minha pobre mãe arrancou-me a custo de junto desse homem que enlouquecera. Estava pálida e inquiria o destino. Ela me afagava e, ao mesmo tempo, repelia-me com asco. Disse que os jornais anunciavam o nome de todos os admitidos ao ginásio, e que Deus nos castigaria e a gente iria caçoar de nós se comprássemos o uniforme antes do tempo. Minha mãe estava pálida, interrogava o destino nos meus olhos, e me olhava com amarga comiseração, como a um aleijadinho, pois somente ela sabia como a nossa família era infeliz.

Todos os homens do nosso clã tinham confiança nas pessoas e praticavam com muita facilidade atos impensados, a sorte não nos ajudava em nada. Meu avô fora rabino em Biélaia Tzerkov, sendo expulso dali por sacrilégio, e viveu mais quarenta anos,

---

3 Rua da Catedral. (N. T.)

4 Parte do uniforme dos ginasianos. (N. T.)

bulhenta e miseravelmente, estudou idiomas estrangeiros e começou a perder o juízo aos setenta e nove anos. Meu tio Liev, irmão de meu pai, estudou na *iechivá*[5] de Vólogda, fugiu do serviço militar em 1892 e raptou a filha de um intendente que servia na circunscrição militar de Kiev. Tio Liev levou essa mulher para a Califórnia, para Los Angeles, abandonou-a ali e morreu numa casa suspeita, entre negros e malaios. Depois da sua morte, a polícia americana enviou-nos de Los Angeles a herança que deixara: um grande baú, envolto por uns aros marrons de ferro. Havia nesse baú halteres, cachos de cabelo de mulher, o *tales*[6] de vovô, uns pingalins de castão dourado e chá de flores, numas caixinhas ornadas de pérolas de imitação. De toda a família, ficamos apenas o insano tio Simon, que vivia em Odessa, meu pai e eu. Meu pai era confiante em relação às pessoas e ofendia-as com os seus êxtases de primeiro amor, as pessoas não lhe perdoavam e enganavam-no. Assim, meu pai acreditava que a sua vida era governada por um destino rancoroso, uma criatura inexplicável, que o perseguia e em tudo se assemelhava a ele. E eis que, de toda a nossa família, eu era o único que sobrava para minha mãe. Como todos os judeus, eu era de estatura pequena, débil e, por causa dos estudos, sofria de dor de cabeça. Minha mãe via tudo isto, e nunca se ofuscava com a altivez de

5 Escola teológica judaica. (N. T.)

6 Espécie de xale ritual. (N. T.)

mendigo de seu marido, nem com a sua fé incompreensível em que a nossa família haveria um dia de se tornar a mais forte e a mais rica na face da terra. Ela não esperava para nós nenhum êxito, temia comprar antes do tempo uma blusa de uniforme e apenas permitiu-me ir ao fotógrafo para tirar um retrato de grandes dimensões.

Em 20 de setembro de 1905, afixou-se no ginásio a relação dos admitidos para o primeiro ano. O meu nome também constava ali. Todos os nossos parentes iam olhar a papeleta, e mesmo Choil, meu tio-avô, foi até o ginásio. Eu gostava desse velho fanfarrão, porque ele vendia peixe no mercado. Os seus braços grossos estavam sempre úmidos e cobertos de escamas de peixe, e exalavam um fedor de mundos frios e belos. Choil distinguia-se ainda das pessoas comuns com as suas histórias mentirosas sobre a rebelião polonesa de 1861. Possuíra outrora um albergue em Skvira e vira como os soldados de Nicolau I fuzilaram o conde Godlewski e outros revoltosos polacos. É possível também que não tivesse visto nada. Agora sei que Choil era simplesmente um velho ignorantão e um mentiroso ingênuo, mas não esqueci as suas historietas, eram bonitas. E eis que até o estúpido Choil veio ao ginásio ler a relação com o meu nome, e de noite dançou e bateu o pé em nosso baile de indigentes.

Foi num acesso de alegria que meu pai organizou o baile e convidou seus colegas: vendedores de grãos, corretores de propriedades rurais e caixeiros-viajantes que se dedicavam à venda de máquinas agrícolas em nosso distrito. Eles as vendiam a todos. Os senhores de terra e os mujiques temiam-nos, ninguém podia livar-se deles sem comprar alguma coisa. De todos os judeus, os caixeiros-viajantes são os homens mais vividos e alegres. Em nossa festa, eles entoaram canções hassídicas[7], que consistiam em três palavras apenas, mas que se cantavam durante muito tempo, com uma infinidade de modulações engraçadas. O encanto dessas entonações pode ser conhecido somente por quem teve ocasião de celebrar a Páscoa entre os *hassidim* ou quem visitou as barulhentas sinagogas da Volínia. Além dos caixeiros-viajantes, veio também o velho Liberman, que me ensinava a Torá e o hebraico. Em nosso meio, chamavam-no de monsieur Liberman. Ele tomou vinho da Bessarábia mais que o devido, as franjas de seda tradicionais saíram-lhe de baixo do colete vermelho, e ele proferiu em hebraico um brinde em minha homenagem. O velho congratulou-se nesse brinde com os meus pais e disse que eu vencera no exame todos os meus inimigos, pois vencera os meninos russos de faces gordas e os filhos dos nossos rudes ricaços. Assim, em tempos de antanho, Davi, rei dos judeus, vencera Golias, e, assim como eu triunfara sobre Golias, o nosso povo venceria com a força da inteligência os inimigos que nos cer-

7 Canções do hassidismo, movimento religioso de grande significação na história dos judeus da Europa Oriental, iniciado no século XVIII. (N. T.)

cavam e esperavam o nosso sangue. Tendo dito isso em prantos, monsieur Liberman continuou a chorar. "Viva!" Os convidados puseram-no no centro de uma roda e dançaram com ele uma quadrilha antiga, como se faz nos casamentos de povoados judeus. Todos estavam alegres em nosso baile, até minha mãe bebeu um pouco, embora ela não gostasse de vodca e não compreendesse como se podia gostar dela; por isto, considerava todos os russos uns loucos e não entendia como as mulheres podiam viver com maridos russos.

Mas foi mais tarde que chegaram os nossos dias felizes. Eles chegaram para minha mãe quando, certa manhã, antes da minha saída para o ginásio, ela se pôs a preparar sanduíches para mim, e depois saímos a andar pelas lojas a fim de comprar a minha tralha de Natal: o estojo de penas, os outros estojos, a mochila, livros novos encadernados e cadernos de capa brilhante. Ninguém no mundo sente os objetos novos mais intensamente do que as crianças. Elas estremecem com o seu cheiro, como um cão de caça com as pegadas de uma lebre, e experimentam aquela insânia que depois, quando nos tornamos adultos, se chama inspiração. E esse sentimento, puramente infantil, de propriedade sobre os novos objetos transmitia-se também a minha mãe. Levamos um mês inteiro acostumando-nos com o meu estojo e com a penumbra matinal, quando eu tomava chá a um canto da grande mesa iluminada e arrumava os livros na mochila; ficamos um mês habituando-nos com essa vida feliz, e somente depois da primeira semana foi que me lembrei dos pombos.

Eu tinha preparado tudo para eles: um rublo e cinqüenta copeques e o pombal que vovô Choil fizera com um caixote. O pombal estava pintado de marrom. Havia ali ninhos para doze pares de pombos, uns sarrafinhos no telhado e uma grade especial, que eu inventara para melhor atrair os pombos alheios. Estava tudo pronto. No domingo, dia 20 de outubro, eu me preparei para ir à Okhótnitzkaia,[8] mas houve obstáculos inesperados no caminho.

A história que estou contando, isto é, a da minha admissão ao primeiro ano ginasial, teve lugar no outono de 1905. O tzar Nicolau estava outorgando uma constituição ao povo russo, oradores de capas miseráveis trepavam sobre marcos de pedra, junto ao edifício da duma municipal,[9] e discursavam para o povo. De noite, havia tiroteio nas ruas, e minha mãe não me queria deixar ir à Okhótnitzkaia. Na manhã de 20 de outubro, meninos da vizinhança empinaram um papagaio bem em frente da delegacia de polícia, e o nosso aguadeiro abandonara o trabalho e andava pela rua, o cabelo untado e o rosto vermelho. Depois, vimos os filhos do padeiro Kalistov levarem para a rua um cavalete de couro e fazerem ginástica sobre o calçamento.

---

8 Rua ou Mercado dos Caçadores. (N. T.)

9 Isto é, Câmara municipal. (N. T.)

Ninguém os incomodou e o guarda-civil Siemiórnikov até os estimulava a pular mais alto. Ele usava um pequeno cinto de seda, de confecção caseira, e tinha naquele dia as botas mais brilhantes que nunca. Minha mãe assustara-se mais que tudo com o guarda-civil trajado daquela maneira pouco regulamentar, e por sua causa não me queria deixar sair, mas eu me esgueirei para a rua pelos fundos da casa e corri para a Okhótnitzkaia, que ficava atrás da estação ferroviária.

O vendedor de pombos Ivan Nicodímitch estava sentado no lugar do costume. Além de pombos, ele vendia coelhos e um pavão. Este desdobrara a cauda, pousado sobre uma varinha, e movia paa os lados a cabecinha indiferente. Tinha uma pata presa a uma corda, cuja extremidade oposta estava comprimida pela cadeira de palhinha de Ivan Nicodímitch. Logo que cheguei, comprei do velho um par de pombos cor-de-cereja, de caudas vistosas, porém amarrotadas, e um par de pombos de topete, e escondi-os num saco sobre o peito. Após a compra, sobravam-me quarenta copeques, mas o velho não queria entregar por esse preço um casal de pombos da raça de Kriukov. Eu gostava dos bicos curtos, granulados, amistosos, dos pombos de Kriukov. Quarenta copeques eram o preço justo, mas o caçador regateava, virando em outra direção o rosto amarelo, abrasado pelas paixões inumanas do passarinheiro. Por fim, vendo que não havia outros fregueses, Ivan Nicodímitch chamou-me com um gesto. Tudo saiu como eu queria, e tudo saiu mal.

Por volta do meio-dia ou um pouco mais tarde, passou pela praça um homem de botas de feltro. Caminhava com ligeireza sobre as pernas inchadas, os olhos vivos brilhavam no rosto desgastado.

– Ivan Nicodímitch – disse ele, passando junto do caçador –, arrume as ferramentas no saco, na cidade os fidalgos de Jerusalém estão recebendo a constituição. Na Ríbnaia,[10] o avô Bábel foi servido até morrer.

Dito isto, pôs-se a andar célere entre as gaiolas, como um arador descalço sobre os sulcos da terra.

– Fizeram mal – balbuciou Ivan Nicodímitch, enquanto o outro se afastava –, fizeram mal! – gritou mais severo, começou a arrumar os coelhos e o pavão, e empurrou para mim os pombos de Kriukov, em troca de quarenta copeques. Escondi-os sobre o peito e pus-me a olhar como as pessoas deixavam correndo a Okhótnizkaia. O pavão no ombro de Ivan Nicodímitch foi o último a deixar o local. Estava pousado ali como o sol pousa no céu úmido de outono, ou como julho pousa sobre a margem cor-de-rosa de um rio, como o julho abrasado em meio ao capim comprido e frio. Não havia mais ninguém no mercado, e o tiros ressoavam perto. Corri para a estação, cruzei o jardim da praça, que no mesmo instante apareceu aos meus olhos de cabeça para baixo, e entrei correndo num beco deserto, de terra amarela batida.

10 Rua ou Mercado do Peixe. (N. T.)

No fim do beco, estava em sua cadeirinha de rodas o perneta Makárienko, que costumava percorrer nela a cidade, vendendo cigarros num tabuleiro. Os meninos da nossa rua compravam cigarros com ele, as crianças gostavam dele, e eu corri na sua direção.

– Makárienko – disse eu, ofegante da corrida, e afaguei o ombro do perneta –, você viu Choil?

O aleijado não me respondeu, o seu rosto grosseiro, composto de gordura vermelha, de punhos cerrados e de ferro, estava transparente. Perturbado, remexia-se em sua cadeirinha. A sua mulher, Katiucha,[11] que voltara para ele o traseiro de algodão, arrumava coisas esparramadas no chão.

– O que foi que você contou? – perguntou o perneta e empurrou o corpo todo para longe da mulher, como se a resposta dela fosse de antemão intolerável.

– Quatorze *gamáchi*[12] – disse Katiucha, sem deixar a posição inclinada –, seis cobertores, agora estou contando as toucas...

– Toucas – gritou Makárienko, ficou sufocado e emitiu um som semelhante a soluço. – Parece, Katierina,[13] que Deus me escolheu para responder por todos... As pessoas estão aí carregando cortes inteiros de fazenda, os outros têm de tudo, e nós temos toucas...

---

11 Diminutivo de Iekatierina, isto é, Catarina. (N. T.)

12 Espécie de perneiras de pano. (N. T.)

13 Corruptela de Iekatierina. (N. T.)

E, realmente, passou correndo pelo beco uma mulher de rosto bonito e abrasado. Segurava de um lado uma braçada de barretes turcos e, do outro, um corte de fazenda. Ela chamava os filhos, que se desgarravam, a voz arrebatada e feliz; um vestido de seda e um casaquinho azul-claro arrastavam-se atrás do seu corpo esvoaçante, e ela não ouvia Makárienko, que rolava atrás em sua cadeira de rodas. O perneta não conseguia alcançá-la, as rodas da cadeira retumbavam, e ele manobrava as alavancas, com toda a força.

– Madamezinha – gritava ele, com voz atroadora –, onde foi que apanhou a chita, madamezinha?

Mas a mulher do vestido esvoaçante não estava mais ali. Ao seu encontro, saiu de trás da esquina uma telega, que pulava sobre o calçamento. Um rapaz camponês estava em pé no carro.

– Para onde correram todos? – perguntou o rapaz e ergueu a rédea vermelha, sobre os rocins, que iam pulando sob as coelheiras.

– Estão todos na Sobórnaia – disse Makárienko, súplice –, foram todos para lá, meu caro. Traga-me tudo o que apanhar, eu compro tudo...

O rapaz dobrou-se sobre o jogo dianteiro e fustigou os rocins malhados. Os cavalos pularam como novilhos com as suas garupas sujas e largaram a trote. O beco amarelo ficou novamente amarelo e deserto; então o perneta voltou para mim os olhos apagados.

– Parece que Deus me escolheu – disse ele, a voz sem vida –, parece que sou, para vocês, o filho do homem...

E Makárienko estendeu-me o braço, manchado de lepra.

– O que você tem aí na sacola? – disse ele e apanhou o saco que me aquecia o coração.

O aleijado sacudiu os pombos com a mão gorda e trouxe para a luz uma fêmea cor-de-cereja. A ave jazia na palma de sua mão, as patinhas para cima.

– Pombos – disse Makárienko e acercou-se de mim, fazendo ranger as rodas. – Pombos – repetiu ele e golpeou-me a face.

Golpeou-me com toda a força da mão que apertava o pássaro. O traseiro de algodão de Katiucha deu uma volta nas minhas pupilas e eu caí ao solo com o meu capote novo.

– É preciso destruir a raça deles – disse então Katiucha, aprumando-se sobre as toucas. – Não posso ver a raça deles, com aqueles homens fedorentos...

Ela disse mais alguma coisa sobre a nossa raça, mas eu não ouvi mais nada. Estava deitado ao solo, e as entranhas da ave esmagada escorriam-me pela têmpora. Escorriam-me pelas faces, em zigue-zague, soltando borrifos e cegando-me. Uma tripa suave de pombo deslizava sobre minha testa, e eu fechei o derradeiro olho descoberto, a fim de não ver o mundo que se estendia na minha frente. O mundo era pequeno e terrível. Jazia diante dos meus olhos uma pedrinha, uma pedrinha carcomida que lembrava o rosto de uma velha de maxilar graúdo, perto havia um pedaço de barbante e um magote de penas que ainda respiravam. O meu mundo era pequeno e terrível. Fechei os olhos para não o ver e apertei-me contra a terra, que jazia debaixo de mim, num mutismo tranqüilizador. Essa terra batida não se assemelhava em nada à nossa vida, nem à espera dos exames. Alhures, ao longe, ela era percorrida pela desgraça, que montava um grande cavalo, mas o ressoar dos cascos enfraquecia, perdia-se, e o silêncio, um silêncio amargo, que atirava às vezes as crianças na desgraça, eliminou de repente a fronteira entre o meu corpo e a terra imóvel. A terra tinha um cheiro de profundeza úmida, de túmulo, de flores. Percebi o seu cheiro e comecei a chorar, sem nenhum medo. Caminhei por uma rua alheia, em que havia muitas caixas brancas, caminhei ornado de penas ensangüentadas, sozinho sobre os passeios varridos e limpos, como num domingo, chorando tão amarga e plenamente, com tamanha felicidade, como nunca mais chorei. Os fios elétricos esbranquiçados rugiam sobre minha cabeça, um vira-lata corria na minha frente, no beco ao lado um mujique de colete quebrava um caixilho de janela, em casa de Khariton Efrússi. Quebrava-o com um malho de madeira, movendo o corpo todo para dar os golpes, e, suspirando, sorria em todas as direções com um sorriso bondoso de embriaguez, de suor e de força espiritual. Toda a rua estava repleta de estalos, de estrépitos, do canto da madeira que voava para os lados. O mujique batia unicamente para dobrar o corpo, para suar e gritar palavras incomuns numa língua desconhecida, não-russa. Gritava-as e cantava, arregalava totalmente os olhos azuis-claros, até que na rua apareceu uma procissão, que vinha do edifício da duma. Velhos de barbas pintadas carregavam um retrato do tzar bem penteado, estandartes com imagens de santos em seus caixões tremulavam sobre a procissão, umas velhas entusiasmadas corriam para a frente do cortejo.[14] Vendo-o, o mujique de colete apertou o malho ao peito e correu atrás dos estandartes, enquanto eu, tendo esperado o fim do cortejo, esgueirei-me para casa. Encontrei-a deserta. A porta branca estava aberta, a erva junto ao pombal, pisoteada. Somente Kuzmá não saíra dali. O zelador Kuzmá estava sentado no barracão, arrumando o corpo de Choil.

– O vento carrega você, como uma apara inútil – disse o velho, depois que me viu. – Fugiu por um século... E aqui, como você está vendo, o povo deu um grande safanão em nosso avô...

Kuzmá pôs-se a fungar, virou-se e começou a tirar um lúcio, enfiado na braguilha de meu tio-avô. Havia dois lúcios enfiados nele: um na braguilha, outro na boca, e, embora ele estivesse morto, um dos lúcios ainda vivia e estremecia de vez em quando.

---

14 Tratava-se de uma passeata da União do Povo Russo, criada para se contrapor ao movimento revolucionário e que praticava *pogroms* contra os judeus. Seus destacamentos de choque eram as famosas Centúrias Negras. (N. T.)

– Deram um safanão no vovô e em ninguém mais – disse Kuzmá, atirando os lúcios para o gato –, ele xingou o povo todo, a mãe de cada um, foi tão bonito... Você devia trazer umas moedas de cinco copeques, para pôr nos olhos dele...

Mas, tendo então dez anos, eu não sabia para quê os defuntos precisavam de moedas de cinco copeques.

– Kuzmá – disse eu num murmúrio –, salve-nos...

Acerquei-me do zelador, abracei suas costas velhas e tortas, com um ombro soerguido, e vi, além desses ombros, o meu tio-avô. Choil jazia na serragem de madeira, o peito esmagado, a barba para cima, os sapatos grosseiros junto aos pés descalços. As suas pernas escarranchadas estavam sujas, lilases, mortas. Kuzmá afanava-se em volta delas, ele amarrara os maxiliares e a todo momento procurava o que mais poderia fazer com o defunto. Afanava-se como se tivesse recebido em casa objetos novos e sossegou somente depois que penteou a barba do morto.

– Xingou a mãe de todos – disse ele sorrindo e examinou amorosamente o cadáver –, se encontrasse tártaros, ele enxotaria os tártaros, mas era gente russa, e com eles havia mulheres, umas russas;[15] os russos têm pena de perdoar gente, eu conheço...

O zelador jogou mais um pouco de serragem na direção do defunto, tirou o avental de carpinteiro e segurou meu braço.

---

15 Quem fala é ucraniano. (N. T.)

– Vamos para junto de seu pai – murmurou, apertando-me cada vez com mais força. – Seu pai está à procura de você desde manhã, tem medo de que você morra...

E, acompanhado de Kuzmá, fui à casa do fiscal de impostos, onde meus pais se esconderam do *pogrom*. .

Tradução de Boris Schnaiderman

3

UMA CARTA

Eis aqui uma carta para casa que me foi ditada por Kurdiúkov, um rapaz de nossa expedição. Não merece ser esquecida. Eu a transcrevi, sem embelezá-la, e reproduzo-a, palavra por palavra, de acordo com o original.

"Querida mamãe Evdokia Fiódorovna!

"Nas primeiras linhas desta carta apresso-me a lhe comunicar que, graças a Deus, estou são e salvo, coisa que também espero ouvir da senhora. E ao mesmo tempo inclino-me profundamente, do branco rosto à úmida terra[1] [seguia-se a enumeração de parentes, padrinhos e compadres; omitiremos isso; passemos ao segundo parágrafo].

"Querida mamãe Evdokia Fiódorovna Kurdiúkova, apresso-me a lhe escrever que me encontro na Cavalaria Vermelha do camarada Budiónni[2] e aqui se encontra também o seu com-

1 Verso formular da poesia popular russa, de tradição oral. (N. T.)

2 Semión M. Budiónni (1883-1973), oficial do exército tzarista antes da revolução de outubro de 1917 e depois general do Exército Vermelho. Durante a guerra civil foi comandante-em-chefe da I Cavalaria. Posteriormente tornou-se marechal da URSS. (N. T.)

padre Nikon Vassílitch, que atualmente é um herói vermelho. Fui designado para a expedição do Politotdiel,[3] que distribui literatura e jornais às posições: o *Izviéstia* do Comitê Executivo Central de Moscou, o *Pravda* de Moscou e o nosso implacável jornal *O Cavalariano Vermelho*, que todo soldado da linha de frente deseja ler, para depois, com espírito heróico, golpear os infames nobres poloneses;[4] e eu vivo muito bem em companhia de Nikon Vassílitch.

"Querida mamãe Evdokia Fiódorovna, mande-me o que puder, de acordo com suas forças e possibilidades. Peço-lhe que degole o leitãozinho pintado e faça um pacote postal a ser enviado ao Politotdiel do camarada Budiónni, para Vassíli Kurdiúkov. Todos os dias deito-me para dormir sem comer e sem roupa nenhuma, de modo que passo muito frio. Escreva-me uma carta sobre o meu Stiopa,[5] se ele está vivo ou não; peço à senhora que cuide dele e escreva sobre ele, se ainda tropeça ou se já parou, e também sobre a sarna das pernas da frente. Foi ferrado ou ainda não? Peço à senhora, querida mamãe Evdokia Fiódorovna, lavar de vez em quando suas pernas da frente com o sabão que eu deixei atrás dos santos, mas se o pai acabou com

---

3 Sigla soviética para Departamento Político, responsável pela propaganda entre os combatentes. (N. T.)

4 No original, forma russificada da palavra polonesa *szlachta*, que designa a nobreza e a aristocracia dos países da Europa Central. (N. T.)

5 Diminutivo de Stiepan. (N. T.)

ele, compre mais em Krasnodar e Deus não a abandonará. Posso também escrever à senhora que aqui o país é muito pobre, que os mujiques e os seus cavalos escondem-se de nossas Águias Vermelhas nos bosques, e que trigo quase não se vê, além de ser tão miúdo que dá vontade de rir. Aqui os patrões semeiam cevada e até mesmo aveia. Aqui o lúpulo cresce em estacas, de modo que dá bastante e com ele fazem uma vodca doméstica.

"Nas linhas seguintes desta carta, apresso-me a escrever sobre o pai, que matou meu irmão Fiódor Timoféitch Kurdiúkov está fazendo um ano. A nossa brigada vermelha, a do camarada Pávlitchenko, avançava sobre a cidade de Rostov, quando houve uma traição em nossas fileiras. O pai naquela época estava com Deníkin,[6] comandando uma companhia. As pessoas que o viram falavam que ele usava medalhas, como no velho regime. E por ocasião dessa traição fomos todos feitos prisioneiros e o pai deu de cara com o meu irmão Fiódor Timoféitch. Então, o pai começou a picar o Fédia,[7] dizendo: seu vendido, cachorro vermelho, filho da puta e outras coisas, e não parou de feri-lo até escurecer, quando o meu irmão Fiódor Timofiéitch morreu. Eu escrevi uma carta para a senhora na época, contando que o

---

6 Anton Ivánovitch Deníkin (1872-1947), general russo, comandante do Exército Branco no sul da Rússia, durante a guerra-civil (1918-1921). Tinha sido nomeado por Keriénski comandante-em-chefe da região sudoeste, após a revolução de fevereiro de 1917. Derrotado pelos bolcheviques, exilou-se em 1920. Morreu nos EUA. (N. T.)

7 Diminutivo de Fiódor. (N. T.)

nosso Fédia estava enterrado sem uma cruz. Mas o pai me pegou com a carta e falou: vocês são filhos da mesma mãe, são da mesma laia, putanheiros, eu embarriguei a mãe de vocês e vou continuar embarrigando, minha vida está perdida, mas em nome da verdade exterminarei minha própria semente, e outras coisas assim. Eu recebi dele esse martírio, como nosso Salvador Jesus Cristo. Mas logo escapei do pai e fui me juntar à minha unidade, a do camarada Pávlitchenko. E nossa brigada recebeu ordem de ir até a cidade de Vorónej para se reabastecer, e lá recebemos suprimento, e também cavalos, mochilas, revólveres e tudo o que nos cabia. De Vorónej posso escrever à senhora, querida mamãe Evdokia Fiódorovna, que essa cidadezinha é magnífica, um pouco maior que Krasnodar, e o povo dali é muito bonito, o rio é bom para tomar banho. Davam-nos duas libras de pão por dia, meia libra de carne e açúcar à vontade; de modo que, ao levantar, tomávamos chá doce; ao anoitecer, a mesma coisa, e esquecemos da fome; na hora do almoço eu ia à casa do meu irmão Semion Timoféitch, atrás de panquecas ou carne de ganso, e depois disso eu me deitava para descansar. Naquele tempo, todo o regimento queria ter Semion Timoféitch como comandante, por sua audácia, e veio do camarada Budionni ordem para isso, e ele recebeu dois cavalos, roupa em bom estado, uma telega para os seus trastes, a Ordem da Bandeira Vermelha, e eu, como irmão, estava com ele. Hoje em dia, se algum vizinho começar a incomodar a senhora, Semion Timoféitch pode mandar matá-lo. Depois nós começamos a caçar o general Deníkin, matamos milhares de homens dele e encurralamos o resto no Mar Negro, mas somente o pai não dava as caras em lugar nenhum, e Semion Timoféitch procurava-o em todas as posições, porque estava muito aborrecido por causa do nosso irmão Fédia. A senhora, querida mamãe, sabe como é o pai e o caráter teimoso que ele tem, de modo que ele fez o seguinte: tingiu descaradamente a barba ruiva de preto e encontrava-se na cidade de Maikop, vestido à paisana, e assim nenhum dos habitantes sabia que ele era o mesmo polícia rural do velho regime. Mas só que a mentira tem pernas curtas, e o seu compadre, Nikon Vassílitch, viu-o por acaso na *khata*[8] de um habitante e mandou uma carta a Semion Timoféitch. Montamos a cavalo e galopamos uma duzentas verstas, eu, meu irmão Senka[9] e a rapaziada do lugar que se ofereceu.

"E o que nós vimos na cidade de Maikop? Vimos que a retaguarda não simpatizava absolutamente com o fronte e que nela havia traição por toda parte, que estava cheia de judeus, como no velho regime. E Semion Timoféitch brigou muito com os judeus da cidade de Maikop, os quais não queriam entregar o pai, mantendo ele preso a sete chaves, e diziam: chegou uma

8 Casa camponesa típica da Ucrânia. (N. T.)

9 Diminutivo de Semion. (N. T.)

ordem de não matar os prisioneiros, nós mesmos vamos julgá-lo, não se ofendam, ele vai receber o que merece. Só que Semion Timofiéitch, valendo-se de sua autoridade, demonstrou que o comandante do regimento era ele e que tinha recebido do camarada Budiónni a Ordem da Bandeira Vermelha, e ameaçou de morte todos os que disputassem a pessoa do pai e não quisessem entregá-lo; e a rapaziada do lugar também fez suas ameaças. Mas assim que Semion Timoféitch pôs as mãos no pai, começou a chicoteá-lo e mandou todos os combatentes se perfilarem no pátio, de acordo com o regimento militar. E então, Senka borrifou água na barba do pai Timoféi Rodiónytch, e a tinta escorreu da barba. E Senka perguntou a Timoféi Rodiónytch:

"– É bom para o senhor, pai, estar em minhas mãos?

"– Não – respondeu o pai –, é muito ruim.

"Daí, o Senka perguntou:

"– E o Fédia estava bem em suas mãos, quando o senhor o matou?

"– Não – disse o pai –, Fiédia estava mal.

"Daí, o Senka perguntou:

"– E o senhor pensava, pai, que também ia se dar mal?

"– Não – disse o pai –, eu não pensava que ia me dar mal.

"Daí, o Senka virou-se para o povo e falou:

"– Pois eu acho que se caísse nas suas mãos, não haveria piedade para mim. E agora, pai, nós vamos acabar com o senhor...

"E Timoféi Rodiónyth pôs-se a xingar descaradamente a mãe do Senka e a mãe de Deus e a bater na cara do Sienka; e Semion Timoféitch mandou que eu saísse do pátio, de modo que não poderei, querida mamãe Evdokia Fiódorovna, descrever à senhora como acabaram com o pai, porque fui mandado embora do pátio.

"Depois disso, aquartelamos na cidade de Novorossisk. Sobre esta cidade pode-se dizer que além dela não há mais terra seca, é só água, o Mar Negro, e nós ficamos lá até maio, quando fomos para o fronte polonês e estamos fazendo tremer a nobreza polonesa que só vendo...

"Sou vosso querido filho Vassíli Timoféitch Kurdiúkov. Mãezinha, não deixe de olhar por Stiópka e Deus não a abandonará."

Eis a carta de Kurdiúkov, nenhuma palavra foi trocada. Quando eu terminei, ele pegou a folha escrita e a escondeu no peito, sobre o corpo nu.

– Kurdiúkov – perguntei ao rapaz –, seu pai era ruim?

– Meu pai era um cão – respondeu ele sombrio.

– E sua mãe, é melhor?

– Minha mãe é conforme deve ser. Se quiser ver, aqui está nossa famíla..

Estendeu-me uma foto amarrotada. Nela via-se Timoféi Kurdiúkov, um polícia rural de costas quadradas, boné do uniforme e barba penteada, imóvel, com as maçãs do rosto salientes e um olhar brilhante em seus olhos descorados e inexpressivos. Ao lado dele, numa pequena poltrona de vime, estava sentada uma camponesa miudinha, com uma blusa bufante e um rosto claro e tímido, de traços mirrados. Mas, encostados à parede, sobre um fundo fotográfico provinciano e miserável, repleto de flores e de pombos, erguiam-se dois rapazes monstruosamente enormes, broncos, de rosto largo e olhos esbugalhados, petrificados como soldados durante a instrução, os dois irmãos Kurdiúkov, Fiódor e Semion.

Tradução de Aurora Bernardini
e Homero Freitas de Andrade

14

A MORTE DE DOLGUCHOV

A barragem de fogo fechava-se sobre a cidade. Ao meio-dia, Korochayev, o desacreditado comandante da IV Divisão, que lutara sozinho, buscando a morte, passou como um raio por nós, envolto numa capa preta. Gritou perto de mim:

– Nossas comunicações foram interrompidas. Radziwillów e Brody estão em chamas.

Com a capa flutuando em torno dele, sumiu a galope – negro da cabeça aos pés; suas pupilas pareciam carvões ardendo.

As brigadas reorganizavam-se na planície. O sol caminhava através de uma névoa púrpura. Os feridos estavam comendo nas trincheiras. Enfermeiras, deitadas na relva, cantavam suavemente. Os batedores de Afonka procuravam mortos e equipamento no campo. O próprio Afonka passou a cavalo e disse:

– Estamos levando na cabeça, tão certo como dois e dois são quatro. Acho que o comandante da IV Divisão será punido. Os homens não são fáceis.

Os poloneses haviam alcançado a floresta, a cerca de três verstas, e colocado suas metralhadoras em algum lugar perto de nós. Balas começaram a silvar, um ruído insuportável. Batiam na terra revolvendo-a, vibrando. Vytyagaychenko, o comandante do regimento, que dormia ao sol, roncando, gritou no seu sono e acordou. Montou e cavalgou em direção ao esquadrão de reconhecimento. Seu rosto estava amarrotado, marcado de linhas vermelhas, devido a sua dormida desconfortável.

– Filho da puta desgraçado! – gritou furioso e cuspiu um caroço de ameixa. – Que confusão infernal! Levanta o estandarte, Timoshka!

– Vamos nos mexer, hein!? – disse Timoshka, soltando a haste presa no estribo e desenrolando o estandarte com a estrela e o dístico da Terceira Internacional.

– Vamos ver o que está acontecendo lá – disse Vytyagaychenko. Subitamente gritou: – A cavalo, meninas. Comandantes de esquadrão, juntem seus homens!

Os corneteiros deram o toque de alerta. Os esquadrões formaram-se em uma coluna. Um ferido saiu de uma vala, arrastando-se, e disse a Vytyagaychenko, cobrindo o rosto com a mão aberta:

– Taras Grigoryevich, falo por delegação de todos. Parece que vamos ser deixados para trás...

– Cuidem de si mesmos – murmurou Vytyagaychenko, fazendo seu cavalo recuar.

– Tenho a impressão de que não podemos cuidar de nós, Taras Grigoryevich – disse o ferido.

Vytyagaychenko retrucou:

– Pára de choramingar. Não vou deixá-los para trás. – E ordenou aos cavalarianos que se preparassem.

Logo soou a voz lamurienta e feminina do meu amigo Afonka:

– Para que tanta pressa, Taras Grigoryevich? São cinco verstas a percorrer. Como vai lutar se os cavalos estiverem estafados? Há tempo de sobra, que diabo!

– A passo! – comandou Vytyagaychenko. O regimento partiu.

– Se o que penso do comandante da divisão está certo – disse Afonka, fazendo uma pausa – e ele for punido, as coisas vão ser um pouco diferentes. Você verá.

Lágrimas vieram aos seus olhos. Olhei para ele com grande surpresa. Então Afonka fez seu cavalo girar, ajeitou o boné, bufou, soltou o grito de guerra dos cossacos e partiu a galope.

Grishchuck, com sua carroça, e eu ficamos até o entardecer entre duas muralhas de fogo. O Estado-Maior da Divisão sumira, e as outras unidades não queriam saber de nós. Os regimentos entraram em Brody e foram rechaçados num contra-ataque. Fomos até o cemitério da cidade. De trás de uma lápide apareceu um batedor polonês, que colocou a culatra do rifle no ombro e abriu fogo sobre nós. Grishchuck deu meia-volta, as quatro rodas da sua carroça rangendo.

– Grishchuck – gritei por entre o zunir das balas e do vento.

– Que brincadeira – ele respondeu tristemente.

– É o nosso fim – gritei, dominado por violenta excitação –, é o nosso fim, meu velho.

– Para que as mulheres se dão a tanto trabalho? – ele perguntou ainda mais lamentoso. – Para que querem elas noivados e casamentos e amigos para alegrar no dia das bodas?

Um rastro rosado iluminou o céu e novamente se extinguiu.

– Só rindo – disse Grishchuck tristemente, apontando com o chicote para um homem sentado à beira da estrada. – Só rindo... As mulheres se dando a tanto trabalho...

O homem sentado era Dolguchov. Ele nos olhava fixamente, as pernas abertas.

– Me pegaram – disse, quando nos aproximamos. – Entenderam?

– Sim – disse Grishchuck, detendo os cavalos.

– Vão ter que desperdiçar um cartucho comigo.

Ele estava inclinado, apoiado numa árvore, as botas para a frente, separadas. Cautelosamente, sem tirar os olhos dos meus, levantou a camisa.

Sua barriga havia sido rasgada. As entranhas caíam sobre os joelhos, as batidas do coração eram visíveis.

– Os polacos vão voltar e fazer seus truques sujos. Aqui estão meus papéis. Você vai escrever e dizer a minha mãe como as coisas aconteceram.

– Não – respondi e esporeei o cavalo. Dolguchov colocou as

mãos na terra, com as palmas azuis viradas para cima, e olhou-as desconfiado.

– Fugindo, hein? – murmurou, deitando-se. – Muito bem. Fuja então, seu porco.

O suor descia pelo meu corpo. As metralhadoras estalavam ao longe, com insistência, cada vez mais rápidas. Emoldurado pelo nimbo do pôr-do-sol, Afonka Bida chegou até nós, galopando.

– Estamos dando uma surra neles! – exclamou alegremente. – Ei, o que está havendo aqui?

Apontei Dolguchov e recuei meu cavalo a uma pequena distância.

Falaram rapidamente. Dolguchov entregou seus papéis ao comandante do esquadrão. Afonka guardou-os em sua bolsa e deu um tiro na boca de Dolguchov.

Cavalguei até perto do cossaco.

– Afonka – eu disse com um sorriso forçado –, eu não pude, entendeu?

– Saia da minha frente – ele disse, ficando pálido –, ou eu o mato. Vocês, sujeitos de óculos, têm tanta pena de pessoas como nós quanto um gato tem de um rato.

Ele armou o percussor do rifle.

Afastei-me, fazendo meu cavalo andar lentamente, sem olhar para trás, sentindo o frio da morte às minhas costas.

– Ei, você – ouvi a voz de Grishchuck –, deixe de bobagem!

– Porco sujo – gritou Afonka –, não vai escapar assim não.

Grishchuck me alcançou numa curva da estrada. Não se via Afonka. Ele havia cavalgado em outra direção.

– Pois é, Grishchuck, hoje perdi meu melhor amigo, Afonka.

Grishchuck pegou uma maçã seca na boléia da carroça.

– Coma – disse. – Por favor, coma.

Tradução de Rubem Fonseca

5

MEU PRIMEIRO GANSO

Savítzki, o comandante da VI Divisão, levantou-se ao me ver, e fiquei admirado com a beleza de seu corpo gigantesco. Levantou-se e, com a púrpura de suas calças de montar, o gorro carmesim caído de lado e as medalhas penduradas no peito, cortou a isbá pelo meio, como um estandarte corta o céu. Cheirava a perfume e a sabão fresco e adocicado. Suas pernas compridas pareciam moças encouraçadas até os ombros em reluzentes botas de montar.

Ele sorriu para mim, bateu com o chicote sobre a mesa e puxou para si uma ordem que o chefe do Estado-Maior acabava de ditar. Era uma ordem para que Ivan Tchesnókov avançasse com o regimento a seu comando em direção a Tchugúnov-Dobryvodka e, entrando em contato com o inimigo, o aniquilasse...

"*Aniquilamento este*", pôs-se a escrever o comandante da Divisão, borrando toda a folha, "*que confio à responsabilidade do referido Tchesnókov até a medida extrema, que aplicarei no local, e disso, camarada Tchesnókov, você não pode duvidar, visto não ser o primeiro mês que trabalha comigo no fronte...*"

O comandante da VI Divisão rubricou a ordem com um floreio, atirou-a a um de seus ordenanças e virou para mim os olhos cinzentos, em que dançava a alegria.

Entreguei-lhe o papel que me designava para o Estado-Maior da Divisão.

– Cumpra-se a ordem! – disse o comandante. – Cumpra-se a ordem e aliste-se em todos os prazeres,[1] menos os da linha de frente. Sabe ler e escrever?

– Sei ler e escrever – respondi, invejando o ferro e as flores daquela juventude –, sou formado em Direito pela Universidade de Petersburgo...

– Um filhinho da mamãe – pôs-se a gritar, rindo –, e de óculos no nariz! Que tinhoso!.. Mandam vocês, sem perguntar nada, e aqui não é fácil para quem usa óculos. Como é, vai ficar com a gente?

– Vou ficar – respondi, e fui à aldeia com o furriel procurar uma pousada.

O furriel carregou o meu baú nos ombros, a rua do povoado estendia-se à nossa frente, circular e amarela, feito uma abóbora, e o sol moribundo exalava no céu o seu hálito rosado. Chegamos a uma *khata* com guirlandas pintadas, o furriel parou e disse repentinamente com um sorriso culpado:

---

1 No original, ocorre um trocadilho entre "prazer" (*udovólstvie*) e "víveres" (*prodovólstvie*). (N. T.)

– Temos aqui uma implicância com os de óculos, que não dá para controlar. Aqui, arrancam o couro de quem é mais distinto que os outros. Mas é só desonrar uma senhora, a senhora mais pura, para cair nas boas graças dos soldados...

Ele titubeou com meu baú nos ombros, achegou-se para bem perto de mim, depois recuou de supetão todo desconcertado e correu para o quintal mais próximo. Havia ali uns cossacos sentados no feno, barbeando-se uns aos outros.

– Atenção, soldados – disse o furriel, depositando meu baú no chão. – De acordo com as ordens do camarada Savítzki, deverão admitir este homem no vosso alojamento, e nada de bobagens, pois este homem já sofreu o bastante no setor de ensino...

O furriel enrubesceu e saiu sem olhar para trás. Eu levei a mão à pala do boné e saudei os cossacos. Um jovem de cabelos lisos cor-de-linho e com um belo rosto de Riazan aproximou-se do meu baú e atirou-o portão afora. Depois, deu-me as costas e começou a emitir sons indecentes com uma habilidade extraordinária.

– Canhão número dois zeros – gritou-lhe um cossaco mais velho, pondo-se a rir –, fogo contínuo...

O rapaz esgotou sua habilidade simplória e afastou-se. Daí, arrastando-me no chão, comecei a recolher meus manuscritos e meus trapos rasgados que tinham caído do baú. Juntei-os e levei-os para o outro extremo do quintal. Perto da *khata*, em cima de uns tijolos, havia um caldeirão com carne de porco cozinhando, que fumegava, como fumega ao longe a casa paterna na aldeia, e confundia dentro de mim a fome com uma solidão sem igual. Cobri de feno meu baú destroçado, fazendo dele um travesseiro, e deitei no chão para ler no *Pravda* o discurso de Lênin no Segundo Congresso do *Komintern*.[2] O sol desabava sobre mim por entre os picos dentados das colinas, os cossacos roçavam minhas pernas ao passar, o rapaz continuava zombando de mim sem descanso, minhas linhas prediletas chegavam-me por um caminho de espinhos e não conseguiam me atingir. Então, pus o jornal de lado e aproximei-me da dona da casa, que estava dobando no alpendre.

– Dona – eu disse –, preciso comer...

A velha ergueu para mim o branco que transbordava de seus olhos quase cegos e tornou a baixá-lo.

– Camarada – disse ela após um breve silêncio –, é por causa de coisas assim que tenho vontade de me enforcar.

– Que se enforque a mãe de Nosso Senhor – resmunguei irritado, dando um empurrão com o punho no peito da velha –, só me faltava dar explicações...

E, ao me virar, vi um sabre largado ali perto. Um ganso de ar severo andava pelo quintal, limpando imperturbavelmente suas penas. Alcancei e derrubei o ganso no o chão, sua cabeça

---

2 Abreviação russa para Internacional Comunista. O discurso de Lênin a que se alude, "Comunicado sobre a situação internacional e os objetivos fundamentais da Internacional Comunista", foi proferido em 19 de julho de 1920 e publicado no dia 24 do mesmo mês. (N. T.)

estalou sob minha bota, estalou e sangrou. O pescoço branco ficou estendido sobre o esterco e as asas se fecharam por cima da ave morta.

– Que se enforque a mãe de Nosso Senhor! – disse eu, enfiando o sabre no ganso. – Asse-o para mim, dona.

A velha, soltando chispas pela cegueira e pelos óculos, recolheu a ave, embrulhou-a no avental e levou-a à cozinha.

– Camarada – disse, depois de uma pausa –, tenho vontade de me enforcar. – E fechou a porta atrás de si.

Enquanto isso, no quintal, os cossacos já estavam sentados em volta de seu caldeirão. Estavam imóveis, retos como sacerdotes, sem olhar para o ganso.

– O rapaz é dos nossos – disse um deles a meu respeito, deu uma piscada e pegou uma colherada de sopa de repolho.

Os cossacos começaram a jantar com a elegância contida de mujiques que se respeitam mutuamente, enquanto eu limpei o sabre com areia, saí pelo portão e tornei a entrar, cheio de aflições. A lua pendia sobre o quintal como um brinco barato.

– Irmão – disse de repente Súrovkov, o mais velho dos cossacos –, sente-se aqui e coma com a gente até seu ganso ficar pronto...

Tirou da bota uma colher sobressalente, entregando-a para mim. Tomamos a sopa de repolho que eles mesmos haviam feito e comemos o porco.

– E o que estão dizendo no jornal? – perguntou o rapaz de cabelo de linho, abrindo lugar para mim.

– No jornal Lênin diz – falei, sacando o *Pravda* –, Lênin diz que nos falta tudo...

E em voz alta, como um surdo triunfante, li para os cossacos o discurso de Lênin.

A tarde envolveu-me na umidade vivificante de seus lençóis crepusculares, a tarde pousou suas mãos maternais na minha testa ardente.

Eu lia e ficava entusiasmado, espreitando, em meio ao entusiasmo, a curva misteriosa da reta de Lênin.

– A verdade faz cócegas no nariz de todo o mundo[3] – disse Súrovkov, quando acabei –, mas o difícil é tirá-la do monturo, enquanto ele a pega imediatamente, como uma galinha pega o grão.

Assim falou de Lênin Suróvkov, chefe de destacamento no esquadrão do Estado-Maior, e depois fomos dormir no palheiro. Dormimos os seis ali, aquecendo um ao outro, com as pernas entrelaçadas, sob o teto esburacado que deixava entrar as estrelas.

Sonhei e vi mulheres no sonho, mas meu coração, banhado pela matança, gemia e sangrava

Tradução de Aurora Bernardini
e Homero Freitas de Andrade

---

3 Súrovkov faz um trocadilho com o nome do jornal *Pravda*, "verdade". (N. T.)

MARIA

PEÇA EM OITO QUADROS

PERSONAGENS

NIKOLAI VASSÍLIEVITCH MUKÓVNIN

LIUDMILA, sua filha

KATERINA VIATCHESLÁVOVNA FELZEN [Kátia]

ISAAC MÁRKOVITCH DY'MCHITZ

SERGUEI ILARIÓNOVITCH GOLÍTZYN, ex-príncipe

NEFIÓDOVNA, ama na casa dos Mukóvnin

EVSTIGNEITCH, BICHÓNKOV, FILIPP, inválidos

VISKÓVSKI, ex-capitão do Exército

KRÁVTCHENKO

MADAME DORA

INSPETOR DE POLÍCIA

KALMY'KOVA, camareira na pensão da Avenida Niévski, 86

AGACHA, porteira

ANDREI, KUZMÁ, enceradores

SÚCHKIN

SAFÓNOV, operário

ELIENA, sua mulher

NIUCHKA

POLICIAL

BÊBADO na delegacia de polícia

SOLDADO DO EXÉRCITO VERMELHO proveniente do fronte

A ação desenvolve-se em Petrogrado,[1] *nos primeiros anos da Revolução.*

1 Nome com que a capital São Petersburgo passou a ser designada de 1914 a 1924. (N. T.)

QUADRO I

Pensão na Niévski.[2] *Quarto de Dy'mchitz, sujo, com sacos, caixotes e móveis amontoados. Dois inválidos, Bichónkov e Evstigneitch, tiram os víveres que acabam de trazer. Evstigneitch, homem gordo, de rosto grande e vermelho, tem as pernas amputadas acima dos joelhos. Bichónkov traz uma das mangas do casaco vazia, presa com alfinetes. No peito dos inválidos há medalhas e cruzes de São Jorge.*[3] *Dy'mchitz faz contas num ábaco.*

EVSTIGNEITCH Passaram pente fino na estrada inteira... Quando Zandberg estava em Vyritza,[4] ele deixava as pessoas viverem, mas depois foi tirado dali.

BICHÓNKOV Andam judiando muito da gente, Isaac Márkovitch.

DY'MCHITZ E o Koroliov está lá?

EVSTIGNEITCH Como pode estar, se foi tirado? É como se tivessem passado um pente fino na estrada, todas as barreiras são novas.

BICHÓNKOV Anda muito difícil o negócio de víveres, Isaac Márkovitch. Mal a gente se acostuma com uma barreira, e ela já mudou. Se só confiscassem, ainda vá lá, mas nos fazem ver a morte de perto.

EVSTIGNEITCH Nunca dá certo... Todo dia inventam uma nova...

---

2 Principal avenida de São Petersburgo. (N. T.)

3 Condecoração criada em 1769, concedida pelo exército russo aos soldados que se destacavam por coragem nos combates. (N. T.)

4 Bairro da periferia de São Petersburgo, onde havia um posto de boqueio. (N. T.)

Hoje íamos chegando a Tzárskoie Seló[5]: um tiroteio. O que será? Achamos que o governo tinha caído; mas não, agora inventaram a moda de disparar antes de ver do que se trata.

BICHÓNKOV Hoje confiscaram uma grande quantidade de víveres. Dizem que vai para as crianças... Hoje em dia só há crianças em Tzárskoie Seló: parece um asilo.

EVSTIGNEITCH Para as crianças, sim, todas barbadas.

BICHÓNKOV Se estou com fome, não vou pegar para mim? É claro que vou pegar, se estou com fome.

DY'MCHITZ Cadê o Filipp? Estou pensando no Filipp... Por que abandonaram o sujeito?

BICHÓNKOV Nós não o abandonamos, Isaac Márkovitch: ele perdeu os sentidos.

EVSTIGNEITCH Alguém há de trazê-lo...

BICHÓNKOV Em suma, é uma judiação, Isaac Márkovitch.

EVSTIGNEITCH Tomemos o próprio Filipp: é um homem alto, bem apanhado, mas não consegue fazer das tripas coração, é fraco das tripas... Íamos chegando à estação, havia um tiroteio, as pessoas choravam, jogavam-se no chão... Eu disse: "Filipp, atravessaremos a passagem que dá para Zagoródni, todos ali são dos nossos". Mas ele já estava fora de si, completamente perdido. "Eu estou com medo de ir". "Bem," digo, "se está com medo,

5 Lugarejo nos arredores de São Petersburgo, onde se localizavam o palácio de verão da família imperial e o primeiro liceu russo. (N. T.)

fique aí... Traficante de álcool é filho de Deus, quando muito vão lhe dar um soco nas fuças, do que você tem medo? Só está levando um cinturão de vinho..." Mas ele já tinha se esparramado no chão. É um homem forte, tem a força de um cavalo, mas é fraco das tripas.

BICHÓNKOV Temos esperança de que ele se safe, Isaac Márkovitch. Não têm lá grande coisa contra ele.

DY'MCHITZ Por quanto saiu o salame?

BICHÓNKOV O salame, Isaac Márkovitch, saiu por dezoito mil, e não é dos melhores. Nos dias de hoje, venha de Vitiebsk, venha de Petrogrado, a fábrica é a mesma.

EVSTIGNEITCH (*abre um esconderijo na parede, onde deposita os víveres*). Nivelaram a Rússia.

DY'MCHITZ E o grão, por quanto?

BICHÓNKOV O grão, Isaac Márkovitch, por nove mil, e se você protesta, não leva. Não estão nem um pouco interessados em fazer negócio. Só esperam que a coisa não lhe agrade. O atrevimento desses mercadores é tanto, que nem dá para acreditar!

EVSTIGNEITCH (*guarda o pão no esconderijo*) A patroa em pessoa assou os pães , pôs nisso todo seu empenho... Manda-lhe lembranças.

DY'MCHITZ E as crianças? Estão vivas, estão bem de saúde?

BICHÓNKOV As crianças estão vivas, bem de saúde e felizes da vida. Usam peliças, são filhos de rico. A patroa pede que vá vê-la.

DY'MCHITZ Como se não tivesse mais o que fazer... (*Faz contas no ábaco.*) Bichónkov!

BICHÓNKOV Eu.

DY'MCHITZ Não estou vendo vantagem, Bichónkov.

BICHÓNKOV As coisas andam muito difíceis, Isaac Márkovitch.

DY'MCHITZ Não vejo lucro nenhum, Bichónkov.

BICHÓNKOV Não há nenhum lucro para ver, Isaac Márkovitch... Eu e Evstigneitch andamos matutando se não seria conveniente mudar para outra mercadoria. Os víveres são volumosos: a farinha é volumosa, os grãos são volumosos, pernil de vitela também é volumoso. Seria conveniente mudar para outra mercadoria, Isaac Márkovitch, para sacarina ou, bem, para pedras preciosas... Brilhantes, sim, é que são uma coisa maravilhosa: é só esconder na bochecha e pronto!

DY'MCHITZ E Filipp que não chega... Estou pensando no Filipp.

EVSTIGNEITCH Vai ver estropiaram o sujeito.

BICHÓNKOV E pensar que em 1918 um inválido era alguém, e que hoje em dia...

EVSTIGNEITCH Nem me fale, agora as pessoas estão mais instruídas. Antigamente, diante de um inválido, as pessoas se envergonhavam, mas agora nem prestam atenção. "Por que você é inválido?", perguntam. "Porque uma granada destroçou minhas duas pernas". "Não há nada de especial nisso," dizem, "arrancou sem sofrimento, de uma só vez... Você não sofreu nada." "Como não sofri nada?", digo. "O negócio, é bem simples: você teve as pernas igualadas sob efeito de clorofórmio, não chegou a sentir nada. Só o incomodam os dedos dos pés, os dedos parecem formigar, pinicar, apesar de terem sido arrancados e de você estar sem eles." "Como é que você pode saber?", digo. "O negócio, é que as pessoas, graças aos filhos da puta como você, estão mais instruídas." "Bem se vê que estão mais instruídas, se são capazes de jogar um inválido para fora do trem... Por que me jogar nos trilhos? Sou um aleijado..." "Justamente por isso, porque aqui na Rússia, estamos fartos de ver aleijados." E me jogam como se eu fosse um pedaço de pau... Eu, Isaac Márkovitch, estou muito magoado com o nosso povo.

Entra Viskóvski, de paletó e calças de montaria. A camisa está desabotoada.

DY'MCHITZ É você?

VISKÓVSKI Sou eu.

DY'MCHITZ E não diz bom dia a ninguém?

VISKÓVSKI Liudmila Mukóvnina veio procurá-lo, Dy'mchitz?

DY'MCHITZ O gato comeu o bom dia? E se tivesse vindo, o que é que tem?

VISKÓVSKI O anel dos Mukóvnin está com você, eu sei, e decerto não foi Maria Nikoláievna que lhe deu...

DY'MCHITZ Foram pessoas que me deram, não macacos.

VISKÓVSKI Como esse anel veio parar em suas mãos, Dy'mchitz?

DY'MCHITZ As pessoas me deram para que o vendesse.

VISKÓVSKI Venda-o para mim.

DY'MCHITZ Por que para você?

VISKÓVSKI Alguma vez na vida já tentou ser cavalheiro, Dy'mchitz?

DY'MCHITZ Eu sempre sou cavalheiro.

VISKÓVSKI Cavalheiros não fazem perguntas.

DY'MCHITZ As pessoas querem moeda estrangeira pelo anel.

VISKÓVSKI O senhor me deve cinqüenta libras.

DY'MCHITZ Por qual negócio?

VISKÓVSKI O negócio com os fios.

DY'MCHITZ Que lhe escaparam das mãos...

VISKÓVSKI Na Cavalaria não nos ensinaram a negociar com fios.

DY'MCHITZ Você deixou escapar por ser impetuoso.

VISKÓVSKI Dê-me um pouco de tempo, mestre, que eu aprendo.

DY'MCHITZ Como quer aprender se não obedece? Dizem-lhe uma coisa, você faz outra... Na guerra você foi capitão ou conde – eu nem sei o que você era, e pode até ser que, na guerra, você deva ser impetuoso, mas nos negócios de venda deve saber onde está pisando.

VISKÓVSKI Às ordens.

DY'MCHITZ Estou bravo com você, Viskóvski, estou bravo por outro motivo também. Que história foi essa com a princesa?

VISKÓVSKI Ficou decidido não olhar para as despesas.

DY'MCHITZ O senhor sabia que era virgem?

VISKÓVSKI Essa é a parte mais saborosa...

DY'MCHITZ Pois desse sabor eu não preciso. Sou um homem simples, senhor capitão, e não quero que essa princesa venha à minha casa como uma Virgem saída de um quadro e olhe para mim com olhos que parecem colheres de prata... Qual tinha sido o combinado? Que teria de ser uma mulher de uns trinta, trinta e cinco anos, dissemos, uma dona de casa que soubesse o preço do sofrimento, que pegasse minha farinha, meu pão assado e quatrocentos gramas de cacau para as crianças, e que depois não me viesse dizer: "Seu especulador nojento, você me arrastou na lama, se aproveitou de mim".

VISKÓVSKI De reserva resta a Mukóvnina mais nova.

DY'MCHITZ É uma mentirosa; não gosto de mulheres mentirosas... Por que não me apresentou à mais velha?

VISKÓVSKI Maria Nikoláievna entrou no exército.

DY'MCHITZ Essa Maria Nikoláievna, sim, é uma que valeria a pena conhecer, conversar com ela... E você esperou tanto que ela se foi.

VISKÓVSKI Com a mais velha o negócio é complicado, Dy'mchitz. Muito complicado.

EVSTIGNEITCH "Mataram você, sem lhe dar tempo de sentir medo; pelo menos, evitou o sofrimento." Era o que ele me garantia...

Um disparo distante, depois outro mais próximo; os tiros tornam-se mais freqüentes. Dy'mchitz apaga a luz e tranca a porta a chave. Entra luz pela janela de vidros verdes, faz frio.

EVSTIGNEITCH (*sussurra*) Desgraça de vida...

BICHÓNKOV Maldição!

EVSTIGNEITCH A marujada controla tudo...

BICHÓNKOV Isto não é vida, Isaac Márkovitch!

Batem à porta. Silêncio. Viskóvski saca um revólver do bolso e ergue a trava. Tornam a bater.

BICHÓNKOV Quem é?

FILIPP (*do lado de fora*) Eu.

EVSTIGNEITCH Deixe ouvir sua voz... Eu, quem?

FILIPP Abra.

DY'MCHITZ É o Filipp.

Bichónkov abre a porta. Um ser informe e gigantesco entra no quarto. O recém-chegado apoia-se à parede em silêncio. A luz é acesa. Metade do rosto de Filipp está coberta de carne esponjosa. Está com a cabeça caída sobre o peito, os olhos fechados.

DY'MCHITZ Disparavam contra você?

FILIPP Não.

EVSTIGNEITCH Está cansado, Filipp?

Evstigneitch e Bichónkov tiram de Filipp o sobretudo de peles, a roupa e, por fim, um traje de borracha, que jogam no chão. Um homem de borracha sem o braço, um segundo Filipp, jaz estendido no chão. Os dedos de Filipp estão cheios de cortes e sangram.

EVSTIGNEITCH Foi equipado como devia... Somos pessoas prevenidas...

FILIPP (*sua cabeça continua caída sobre o peito*) Atrás... veio atrás...

EVSTIGNEITCH Ele veio atrás?

FILIPP Ele.

EVSTIGNEITCH O de polainas?

FILIPP Ele.

EVSTIGNEITCH Agora não desgrudam da gente...

DY'MCHITZ Trouxe-o até aqui?

FILIPP (*pronunciando as palavras com dificuldade*) Até aqui, não... Fomos detidos pelos tiros, ele seguiu na direção do tiroteio...

Bichónkov e Evstigneitch amparam o ferido e ajudam-no a se deitar.

EVSTIGNEITCH Eu disse para você: vamos por aquela passagem...

(*Filipp geme, solta ais e uis. Ao longe, tiros, uma saraivada de metralhadora, depois o silêncio.*)

EVSTIGNEITCH Desgraça de vida...

BICHÓNKOV Maldição!

VISKÓVSKI Onde está o anel, mestre?

DY'MCHITZ Mais devagar com esse anel, só pensa nisso...

QUADRO II

Aposento na casa de Mukóvnin, usado simultaneamente como quarto, sala de jantar e estúdio. É um aposento da década de vinte. Mobília de estilo antiquado; há uma pequena estufa de ferro, cujos tubos atravessam todo o cômodo; sob a estufa, uma pilha de lenha cortada em pedaços pequenos. Atrás de um biombo, Liudmila Nikoláievna está se vestindo para ir ao teatro. Um frisador de cabelos esquenta sobre a lâmpada. Katerina Viatcheslávovna[6] *está passando um vestido.*

LIUDMILA Minha senhora, você ficou para trás... Agora no Mariinka[7] o público é muito elegante. As irmãs Krymov, Vária Meyendorf, todas se vestem como manda o figurino e vivem maravilhosamente bem, garanto.

KÁTIA E quem é que vive bem hoje em dia? Ninguém.

LIUDMILA Muita gente. Você ficou para trás, Katiucha... Os senhores proletários adquiriram bom gosto: querem que a mulher seja elegante. Você acha que o seu Riedko gosta de vê-la por aí feito uma porcalhona? Não gosta nem um pouco... Os senhores proletários adquiriram bom gosto, Katiucha.

KÁTIA Se eu fosse você, não curvaria os cílios, e esse vestido sem mangas...

---

6 Aparecerá nas rubricas como Kátia e será tratada por Liudmila no diminutivo Katiucha. (N. T.)

7 Um dos antigos teatros imperiais de S. Petersburgo. (N. T.)

LIUDMILA Minha senhora, você se esquece de que vou acompanhada de um cavalheiro.

KÁTIA O cavalheiro é capaz de nem notar.

LIUDMILA Não diga isso. Ele tem gosto próprio, temperamento...

KÁTIA Os ruivos são ardentes, todos sabem.

LIUDMILA E o meu Dy'mchitz lá tem cabelos ruivos? São cor de chocolate.

KÁTIA Será verdade que ele tem tanto dinheiro? Acho que é delírio do Viskóvski.

LIUDMILA Dy'mchitz possui seis mil libras esterlinas.

KÁTIA E ganhou tudo às custas dos aleijados?

LIUDMILA Às custas dos aleijados, coisa nenhuma... Qualquer um podia ter pensado nisso. Eles formam uma cooperativa, uma sociedade. Até agora não revistavam os inválidos, era mais fácil atravessar as coisas.

KÁTIA Precisa ser judeu para ter uma idéia dessa...

LIUDMILA Ah, Katiucha, melhor ser judeu do que cocainômano como nossos homens... Veja bem, um é cocainômano, outro se faz fuzilar, um terceiro se mete a cocheiro e fica à espera de fregueses na frente do Europa[8]... *Par le temps qui court*[9] um judeu é o que há de melhor.

KÁTIA E um melhor do que Dy'mchitz é impossível encontrar.

---

8 Hotel de São Petersburgo. (N. T.)

9 Em francês, no original: atualmente. (N. T.)

LIUDMILA E depois, somos mulheres... Kathy, somos simples mulheres e, como diz a porteira Agacha, "chega de conversa fiada". Não sabemos ficar sem fazer nada, é verdade, não sabemos...

KÁTIA E terá filhos?

LIUDMILA Terei um casal de ruivinhos.

KÁTIA Quer dizer então que o casamento será legalizado?

LIUDMILA Com os judeus é impossível de outro jeito, Katiucha. Eles são terrivelmente apegados à família, a esposa é sua conselheira, são loucos pelos filhos... E depois, o judeu sempre demonstra reconhecimento para com a mulher que lhe foi dada. E esse é um traço de sua nobreza: o respeito pela mulher.

KÁTIA E de onde você conhece os judeus tanto assim?

LIUDMILA Pois eu lhe digo de onde. Papai foi comandante de um corpo do exército em Vilna, e lá todos são judeus... Papai teve um amigo que era rabino... Os rabinos são todos filósofos.

KÁTIA (*entrega-lhe o vestido passado por cima do biombo*) E depois do teatro vão jantar?

LIUDMILA Não está descartado.

KÁTIA Naturalmente, você beberá, Liudmila Nikoláievna, virá um rasgo de paixão e tudo se afundará na névoa...

LIUDMILA Exagero seu, minha senhora! Vai demorar um mês ou dois para domá-lo; com os judeus é assim que se faz. Ainda nem está resolvido se haverá beijos...

Entra o general com botas de feltro; seu capote de forro vermelho foi convertido numa bata; usa dois pares de óculos.

MUKÓVNIN (*lê*) "Aos dezesseis de outubro do ano de mil oitocentos e vinte, durante o reinado do abençoado imperador Alexandre[10], uma companhia da guarda imperial do regimento Semiónovski, esquecido o dever de juramento e de obediência militar aos superiores, cometeu a ousadia de reunir-se por iniciativa própria em avançada hora da noite..." (*Levanta a cabeça.*) E sabem em que consistia esse esquecimento do juramento? No fato de que os homens tinham saído ao corredor depois da chamada e decidiram pedir ao comandante da companhia que fosse abolida a revista de turno, que se dava em grupos de dez no quartel... Na casa do comandante do regimento também ocorriam essas revistas. Por isso, por esse chamado motim, foi ordenado um castigo... Qual? (*Lê.*) "Os escalões inferiores, instigadores confessos, perderão a vida; os homens da primeira e da segunda companhia que deram exemplo de desordem serão castigados com a forca; os soldados rasos, citados no parágrafo terceiro, para exemplo dos demais, passarão seis vezes pelas varas através de todo o batalhão..."

LIUDMILA Não é horrível tudo isso?

---

10 Alexandre I, que reinou de 1801 a 1825. (N. T.)

KÁTIA Quem há de negar que antes havia muita crueldade?

LIUDMILA Na minha opinião, os bolcheviques deveriam se aproveitar do livro do papai. É vantajoso para eles que se ataque o antigo exército.

KÁTIA Eles exigem que tudo esteja ligado ao momento atual.

MUKÓVNIN Divido a tragédia do Semiónovski em dois capítulos. O primeiro contém uma investigação das causas da revolta; o segundo, uma descrição do motim, das torturas, das deportações para as minas... Minha história será uma história da caserna; não uma lista de nomes, mas o destino de todos aqueles Sídorov e Próchek, entregues a Araktchéiev,[11] enviados aos trabalhos forçados por vinte anos.

LIUDMILA Papai, você deve ler para Kátia o capítulo sobre o imperador Paulo.[12] Se Tolstói[13] fosse vivo, tenho certeza de que o apreciaria.

KÁTIA Nos jornais exigem que tudo esteja ligado ao presente.

MUKÓVNIN Sem o conhecimento do passado não há caminho para o futuro. Os bolcheviques executam o trabalho de Ivan Kalitá: unificam a terra russa. Nós, oficiais de carreira, somos indispen-

---

11 O onipotente ministro do tzar Alexandre I, conhecido principalmente pela criação das colônias penais militares. (N. T.)

12 Paulo I, filho de Catarina II, a Grande, e pai de Alexandre I. Foi assassinado por palacianos. (N. T.)

13 Liev Nikoláievitch Tolstói (1828-1910), grande escritor russo, autor, entre outros, do romance *Guerra e paz.* (N. T.)

sáveis aos bolcheviques, nem que seja para contar-lhes nossos erros...

Soa a campainha. Vozerio no vestíbulo. Entra Dy'mchitz de casaco de peles, com pacotes.

DY'MCHITZ Meus cumprimentos, Nikolai Vassílievitch! Meus cumprimentos, Katerina Viatcheslávna![14] Liudmila Nikoláievna está em casa?

KÁTIA Está a sua espera.

LIUDMILA (*de trás do biombo*) Estou me vestindo...

DY'MCHITZ Meus cumprimentos, Liudmila Nikoláievna! Lá fora está fazendo um tempo tão ruim, que um bom patrão não deixaria seu cachorro sair... Ippolit me trouxe, enchendo minha cabeça de coisas sem cabimento; um tipo como ele não se encontra todo dia... Não vamos nos atrasar, Liudmila Nikoláievna?

MUKÓVNIN Lá fora faz dia claro e eles vão ao teatro.

KÁTIA Nikolai Vassílievitch, agora os teatros começam às cinco da tarde.

MUKÓVNIN Para economizar eletricidade?

KÁTIA Em primeiro lugar, por isso. Depois, se voltar tarde, roubam-lhe a roupa.

DY'MCHITZ (*abrindo os pacotes*) Um presuntinho, Nikolai Vassílievitch. Não sou especialista nisso, mas me foi vendido

---

14 Corruptela do patronímico Viatcheslávovna. (N. T.)

com a garantia de que o porco tinha sido cevado a pão... A pão ou a outra coisa, eu não estava presente...

Kátia retira-se para um canto e fuma.

MUKÓVNIN Ora, Isaac Márkovitch, o senhor é muito bondoso conosco.

DY'MCHITZ Um pouquinho de torresmo...

MUKÓVNIN (*sem entender*) Pois não?

DY'MCHITZ Na casa de seu pai não devem ter comido isso, mas em Minsk, em Viliúisk, em Tchernóbil são muito apreciados. São pedaços de ganso. Prove e depois me dê sua opinião... Como vai o livro, Nikolai Vassílievitch?

MUKÓVNIN O livro vai indo. Cheguei ao reinado de Alexandre Pávlovitch.

LIUDMILA Lê-se como um romance, Isaac Márkovitch. Acho que lembra *Guerra e paz*, lá onde Tolstói fala dos soldados...

DY'MCHITZ É um prazer saber disso... Que lá na rua disparem, Nikolai Vassílievitch, que lá na rua dêem cabeçadas na parede, mas o senhor deve fazer o que lhe compete. Termine o livro, a bebida será por minha conta, e comprarei os cem primeiros exemplares... Um pedacinho de salsichão, Nikolai Vassílievitch, salsichão caseiro, de um alemão...

MUKÓVNIN Ora, Isaac Márkovitch, vou acabar me zangando...

DY'MCHITZ É uma honra para mim que o general Mukóvnin se zangue comigo... Um salsichão delicioso! O tal alemão era um professor muito famoso, agora trabalha com embutidos... Liudmila Nikoláievna, estou com uma forte suspeita de que chegaremos tarde.

LIUDMILA (*de trás do biombo*) Estou pronta.

MUKÓVNIN Quanto lhe devo, Isaac Márkovitch?

DY'MCHITZ Deve-me a ferradura do cavalo que esticou a canela hoje na avenida Niévski.

MUKÓVNIN Não, é sério...

DY'MCHITZ Se é sério, duas ferraduras de dois cavalos.

De trás do biombo sai Liudmila Nikoláievna. Está deslumbrante, airosa, corada. Traz brilhantes nos lóbulos das orelhas. Traja um vestido de veludo preto, sem mangas.

MUKÓVNIN Tenho ou não tenho uma filha linda, Isaac Márkovitch?

DY'MCHITZ Não digo que não.

KÁTIA Aí está, Isaac Márkovitch, a beleza russa sem tirar nem pôr.

DY'MCHITZ Não sou especialista nisso, mas vejo que está muito bem.

MUKÓVNIN Ainda hei de apresentar-lhe minha filha mais velha, a Macha.[15]

LIUDMILA Vou logo prevenindo: Maria Nikoláievna é a favorita em nossa casa, e, veja só, a favorita foi ser soldado.

MUKÓVNIN Que soldado o quê, Liuka?[16] Está na Seção Política.

---

15 Diminutivo de Maria. (N. T.)

16 Diminutivo de Liudmila. (N. T.)

DY'MCHITZ Excelência, quanto a ser da Seção Política, dá na mesma para mim. É a mesma coisa que ser soldado.

KÁTIA (*conduzindo Liudmila para o lado*) Na verdade, podia dispensar os brincos.

LIUDMILA Você acha?

KÁTIA Claro, não são necessários. E também, esta ceia...

LIUDMILA Minha senhora, tenha um sono tranqüilo. Está querendo ensinar o padre a rezar... (*Beija Kátia.*) Katiucha, você é bobinha, minha querida... (*A Dy'mchitz.*) Minhas galochas[17]... (*Virando-se para o lado, tira os brincos.*)

DY'MCHITZ (*precipitando-se*) É para já!

Ela veste as galochas, o casaco de peles e um xale de Orenburg na cabeça. Dy'mchitz ajuda-a, desdobrando-se em obséquios.

LIUDMILA Vou me vestindo e eu mesma fico admirada de que esta roupa ainda não tenha sido vendida... Papai, faça a gentileza de tomar o remédio sem mim. E não o deixe trabalhar, Kátia.

MUKÓVNIN Kátia e eu tomaremos conta da casa.

LIUDMILA (*beija o pai na testa*) Gosta do meu papaizinho, Isaac Márkovitch? Na verdade, ninguém tem um pai como o nosso...

DY'MCHITZ Nikolai Vassílievitch é um ser maravilhoso, não um ser humano!

---

17 Trata-se de galochas altas, de feltro ou de borracha. (N. T.)

LIUDMILA Ninguém o conhece, só nós... Onde deixou o príncipe Ippolit?

DY'MCHITZ Deixei-o no portão. A ordem é esperar, disciplina. Estaremos lá num instante... Passar bem, Nikolai Vassílievitch!

KÁTIA Não exagerem na farra.

DY'MCHITZ Não vamos exagerar: atualmente é impossível.

LIUDMILA Até logo, papai!

Mukóvnin acompanha a filha e Dy'mchitz até o vestíbulo. Vozes e risadas do outro lado da porta. O general retorna.

MUKÓVNIN Um judeu muito simpático e digno.

KÁTIA (*fuma, enrodilhada numa das extremidades do sofá*) Eu acho que a todos eles falta um pouco de tato.

MUKÓVNIN Kátia, meu bem, e de onde iam tirar o tato? A essa gente era permitido viver só de um lado da rua, os policiais os expulsavam do outro. Era assim em Kíev, na alameda Bíbikov. De onde iam tirar o tato? O que surpreende é outra coisa: a energia deles, sua força vital, a capacidade de resistência...

KÁTIA Essa energia agora penetrou na vida russa, mas nós somos diferentes, tudo isso nos é estranho.

MUKÓVNIN O fatalismo, eis o que não nos é estranho. Raspútin e a alemã Alice[18], que arruinou a dinastia, isso não nos é estranho.

---

18 Alusão a Grigóri Efímovitch Novy, dito Raspútin (1872-1916), que foi curandeiro do herdeiro hemofílico do trono russo e conselheiro espiritual da última imperatriz russa, chegando a adquirir forte influência na corte, e a Alexandra (Alice), mulher do tzar Nicolau II, que era de origem alemã. (N. T.)

Nada além de benefícios recebemos desse povo extraordinário, que nos deu Heine, Spinoza, Cristo...

KÁTIA O senhor exaltava até os japoneses,[19] Nikolai Vassílievitch.

MUKÓVNIN E por que não? Os japoneses são um grande povo: temos muito, mas muito que aprender com eles.

KÁTIA Bem se vê que Maria Nikoláievna teve a quem puxar... O senhor é um bolchevique, Nikolai Vassílievitch.

MUKÓVNIN Eu sou um oficial russo, Kátia, e pergunto: como é possível, desde quando, pergunto eu, as regras do jogo militar tornaram-se estranhas para os senhores? Nós atormentamos e humilhamos essa gente, e eles se defenderam, passaram ao contra-ataque e lutam com astúcia, com ponderação, com desespero, diria até que lutam em nome de um ideal, Kátia.

KÁTIA Um ideal? Não sei, não. Nós somos infelizes, e felizes não seremos. Somos sacrificados, Nikolai Vassílievitch.

MUKÓVNIN Que virem tudo de pernas para o ar, tanto melhor. Além disso, já não há mais tempo, Kátia... Pedro,[20] o único imperador russo, disse: "Protelar equivale a morrer". Essa, sim, é uma grande máxima! E se a coisa é assim, então, senhores oficiais, tenham a hombridade de olhar o mapa para ver por qual flanco foram cercados, onde e por quê vocês foram derrotados...

---

19 Os russos sofreram uma dura derrota às mãos dos japoneses na guerra de 1904-1905. (N. T.)

20 Alusão a Pedro, o Grande, que governou a Rússia de 1682 a 1725. Fundou São Petersburgo e iniciou um processo de modernização do Império, que implicava uma maior aproximação com a Europa. (N. T.)

Manter os olhos abertos é um direito meu, ao qual não tenho a intenção de renunciar.

KÁTIA Nikolai Vassílievitch, o senhor tem de tomar o remédio.

MUKÓVNIN Aos meus companheiros de armas, com os quais eu combati lado a lado, eu digo: senhores, *tirez vos conclusions,*[21] protelar equivale a morrer. (*Sai.*)

Do outro lado da parede, alguém executa ao violoncelo, de modo frio e irrepreensível, uma fuga de Bach. Kátia escuta, depois se levanta e dirige-se ao telefone.

KÁTIA Ligue-me com o comando do distrito... Quero falar com Riedko... É você, Riedko? Queria dizer uma coisa... É de se pensar que, além de você, há outros que fazem a revolução, mas você é o único a não ter tempo de se encontrar com alguém... Com alguém com quem você passa a noite quando lhe convém... (*Pausa.*) Riedko, leve-me para passear. Venha me buscar de carro... Pois bem, se você está ocupado... Não, não estou brava. De que adianta ficar brava? (*Pousa o fone no gancho.*)

A música pára. Entra Golítzyn, um homem alto, de casaco militar e faixas nos pés, com um violoncelo.

KÁTIA Príncipe, o que lhe disseram na taverna? "Pare com essa choradeira"?

---

21 Em francês, no original: "tirem suas conclusões". (N. T.)

GOLÍTZYN "Pare com essa choradeira, não encha o saco."

KÁTIA Querem ouvir algo alegre, Serguei Illariónovitch. As pessoas querem esquecer, relaxar...

GOLÍTZYN Nem todas. Outras exigem algo sentimental.

KÁTIA (*senta-se ao piano de cauda*) Quem é o seu público?

GOLÍTZYN Carregadores que trabalham no canal Obvódni.

KÁTIA Talvez seja admitido no sindicato... Lá o senhor recebe também o jantar?

GOLÍTZYN Recebo.

KÁTIA (*toca "A maçãzinha", canta a meia voz*)

"Segue o vapor, fazendo círculos na água.

Alimentaremos os peixes com os voluntários."

Acompanhe-me. Gostariam mais se tocasse "A maçãzinha" na taverna. (*Golítzyn acompanha Kátia, desafina, depois se corrige.*) Serguei Illariónovitch, será que devo estudar estenografia?

GOLÍTZYN Estenografia? Sei lá.

KÁTIA (*continua cantando*)

"Sentada numa barrica, minhas lágrimas escorrem.

Ninguém se casa comigo, só me apalpam..."

Há muita demanda por estenógrafas atualmente.

GOLÍTZYN Não saberia lhe dizer. (*Acompanha "A maçãzinha".*)

KÁTIA De todas nós, só a Macha é uma verdadeira mulher. Só ela tem força e coragem, ela é que é mulher. Nós aqui choramingando, e ela feliz, lá na Seção Política... Afora a felicidade, que outra lei os homens inventaram? Decerto nem existe outra lei.

GOLÍTZYN Maria Nikoláievna sempre manejou o leme com mão firme. É isso que a distingue.

KÁTIA Está certa ela...

"Ah, maçãzinha, até onde rolas..."

E depois, ela anda de namoro com o tal Akim Iványtch...

GOLÍTZYN (*pára de tocar*) Quem é esse Akim Iványtch?

KÁTIA O comandante de sua divisão, um ex-ferreiro... Ela o menciona em todas as cartas.

GOLÍTZYN E por que acha que anda de namoro?

KÁTIA Está lá nas entrelinhas, eu sei... Ou seria melhor ir à casa dos meus parentes em Borissogliebsk? Seja como for, é um ninho... Veja, o senhor tem o mosteiro daquele monge para ir... Como se chama ele?

GOLÍTZYN Sióni.

KÁTIA Pois é, Sióni. E o que ele lhe ensina?

GOLÍTZYN Você falava da felicidade... Ele me ensina a buscá-la não no sentimento de poder sobre os homens e nem nessa ambição contínua, uma ambição que não podemos saciar.

KÁTIA Vamos lá, Serguei Illariónovitch.

"Estou sentada numa barrica e a barrica rola,
Mesmo sem nenhum tostão no bolso,
Queria tomar um trago..."

Sióni, bonito nome.

QUADRO III

Liudmila e Dy'mchitz no cômodo da pensão. Sobre a mesa há sobras do jantar, garrafas. Vê-se parte do quarto contíguo. Bichónkov, Filipp e Evstigneitch jogam baralho ali. Evstigneitch, com suas pernas cortadas, foi colocado numa cadeira.

LIUDMILA Féliks Iússupov[22] era um deus de tão belo, um tenista, campeão da Rússia. Sua beleza carecia de virilidade, tinha qualquer coisa de boneco...Vladímir Bágli eu conheci na casa de Féliks. Até o fim o imperador não conseguiu compreender a natureza cavalheiresca daquele homem. Nós o chamávamos "o cavalheiro teutônico"... Frederiks era amigo do príncipe Serguei... Conhece o príncipe Serguei, o que toca violoncelo? Na festa houve ainda um número *hors programme,*[23] o arcebispo Ambróssi. O velhote me fazia a corte, imagine só! Servia-me ponche[24] e sua cara de beato enchia-se de malícia. A princípio, não causei nenhuma impressão em Vladímir, como ele mesmo me confessou: "Você tinha um narizinho arrebitado, era *si démésurement russe,*[25] com as faces de um rubor ardente..." Ao ama-

---

22 Féliks F. Iússupov (1887-1967), príncipe russo que participou do assassinato de Raspútin. (N. T.)

23 Em francês, no original: «fora do programa».(n. t.)

24 "Kriuchon", no original: mistura de vinho branco, rum, conhaque, licores e frutas frescas. (N. T.)

25 Em francês, no original: "tão desmedidamente russa". (N. T.)

nhecer fomos a Tzárskoie, deixamos o carro no parque e tomamos um cavalo. Ele mesmo tomou as rédeas. "Liudmila Nikoláievna, terei de lhe dizer que a noite inteira não desviei os olhos de sua pessoa?" "Isso a Nina Butúrlina deve ter percebido, *mon prince*."[26] Eu sabia que havia um romance entre eles, ou melhor, um flerte. "A Butúrlina *c'est le passé*,[27] Liudmila Nikoláievna..." "*On revient toujours à ses premiers amours, mon prince.*"[28] Vladímir não portava o título de grão-príncipe, ele era fruto de um casamento morganático, a família dele não era recebida pela imperatriz... Vladímir chamava aquela mulher de gênio do mal. E depois, ele era um poeta, um menino que não entendia nada de política... Chegamos a Tzárskoie. Estava amanhecendo. Lá longe, um rouxinol começou a cantar no lago... Meu acompanhante repetia: "*Mademoiselle Boutourline c'est le passé*".[29] "*Mon prince*, o passado às vezes retorna e esses retornos são terríveis..."

Dy'mchitz apaga a luz, atira-se sobre Mukóvnina e derruba-a sobre o sofá. Luta. Ela consegue se livrar, arruma os cabelos e o vestido.

BICHÓNKOV (*jogando uma carta*) Descarte...

FILIPP Ei, quanta pressa!

---

26 Em francês, no original: "meu príncipe". (N. T.)

27 Em francês, no original: "é passado". (N. T.)

28 Em francês, no original: "Sempre voltamos aos primeiros amores, meu príncipe". (N. T.)

29 Em francês, no original: "A senhorita Butúrlina é passado". (N. T.)

EVSTIGNEITCH E daí foi levado até a barreira, com as mãos atadas... "Bem, vire-se, amigo". E ele: "Para quê me virar? Sou militar, matem-me assim mesmo..." Ali a barreira era como uma cerca que mal chegava à cintura... Era de noite, estavam numa ponta da aldeia, depois da aldeia vinha a estepe, e no fim da estepe havia um barranco...

BICHÓNKOV (*batendo com uma carta*) Bati!

FILIPP Eu pago tudo.

EVSTIGNEITCH ...foi conduzido para lá, armaram os fuzis. Ele está em pé diante da sebe e, de repente, desprende-se do chão, com as mãos atadas, como se Deus o tivesse puxado para cima. Voou por cima da cerca e saiu correndo... Dispararam, mas de noite, a escuridão, ele dava voltas, corria em ziguezague... Escapou.

FILIPP (*dando as cartas*) É um herói!

EVSTIGNEITCH Um herói imortal. Era considerado um *djiguit*.[30] Eu o conhecia como conheço você... Passou ano e meio perambulando, daí o mataram.

FILIPP Será que acabaram com ele?

EVSTIGNEITCH Acabaram. Não acho certo. Um homem que tinha saído da tumba, um homem que já tinha visto o outro mundo, quer dizer que ser morto não era o seu destino.

FILIPP Hoje em dia ninguém repara nisso.

---

30 Assim são chamados os cavaleiros do Cáucaso, famosos por sua habilidade. (N. T.)

EVSTIGNEITCH Não acho certo. No mundo inteiro há a mesma lei: não o mataram, sorte sua, continue vivendo.

FILIPP Aqui, vão logo pegando e matando...

BICHÓNKOV É isso aí.

LIUDMILA Acenda a luz. (*Dy'mchitz aperta o interruptor.*) Estou de saída. (*Vira-se, olha para Dy'mchitz e desata a rir.*) Não faça beicinho, venha cá... Diga, meu amigo, como foi imaginar uma coisa dessa? Primeiro tenho de me acostumar com você...

DY'MCHITZ Eu não sou um sapato para que tenha de se acostumar comigo.

LIUDMILA Não escondo que você me inspira certa simpatia, mas é preciso que esse sentimento se consolide... Macha chegará do exército, você a conhecerá: em nossa família não se faz nada sem ela... Papai se dá bem com você, mas é um homem desamparado, você viu. E depois, muita coisa ainda não foi resolvida. E sua mulher?

DY'MCHITZ O que tem a ver a minha mulher?

LIUDMILA Eu sei, os judeus são muito ligados aos seus filhos.

DY'MCHITZ Não vamos entrar neste assunto, pelo amor de Deus, não vamos entrar neste assunto.

LIUDMILA Por isso, enquanto não chegar a hora, você deverá sentar-se quietinho ao meu lado e ter paciência...

DY'MCHITZ Os judeus têm paciência desde que começaram a esperar pelo Messias... Beba mais um cálice.

LIUDMILA Já bebi muito.

DY'MCHITZ Este vinho foi trazido de um encouraçado. O grão-duque tinha um baú por lá.

LIUDMILA E como faz para conseguir todas essas coisas?

DY'MCHITZ O que eu consigo, outro não consegue... Beba este cálice.

LIUDMILA Desde que você fique aí sentado quietinho.

DY'MCHITZ Sentado quietinho, só na sinagoga.

LIUDMILA Até sobrecasaca você vestiu, está pronto para ir à sinagoga. A sobrecasaca, Isaac, é usada pelos diretores de ginásio nas reuniões de fim de ano e pelos comerciantes nos banquetes fúnebres.

DY'MCHITZ Não usarei mais sobrecasaca.

LIUDMILA E os ingressos, também. Jamais compre ingressos para a primeira fila, meu amigo, só arrivistas e *parvenus* fazem isso...

DY'MCHITZ É que eu sou um arrivista.

LIUDMILA Você tem nobreza interior, e isso muda tudo. Nem o seu nome fica bem... Hoje basta pôr um anúncio no jornal, no *Izviéstia*... Eu mudaria para Aleksei... Gosta de Aleksei?

DY'MCHITZ Gosto. (*Ele apaga a luz novamente e atira-se sobre ela.*)

EVSTIGNEITCH Estão se abraçando.

FILIPP (*pondo-se à escuta*) Ela é das nossas...

BICHÓNKOV Liudmila Nikoláievna é mais do meu agrado que as outras; é sempre gentil com as pessoas, não importa se estão mal vestidas, esfarrapadas... Sempre me cumprimenta pelo patronímico...[31]

---

31 Sinal de respeito e deferência. (N. T.)

Viskóvski entra no cômodo dos inválidos, posta-se atrás de Evstigneitch e observa as cartas que saem.

LIUDMILA (*livrando-se*) Chame uma carruagem...

DY'MCHITZ Num instante! Não tenho mais nada a fazer.

LIUDMILA Chame agora mesmo!

DY'MCHITZ Lá fora faz trinta graus abaixo de zero, nem cachorro louco a gente deixa sair com um frio destes.

LIUDMILA Meu vestido está todo rasgado... Como vou aparecer em casa nesse estado?

DY'MCHITZ Para fazer omelete é preciso quebrar os ovos.

LIUDMILA Que vulgaridade... Isaac Márkovitch, você errou de porta.

DY'MCHITZ Esta é a minha sorte.

LIUDMILA E eu lhe digo que meus dentes estão doendo, uma dor insuportável!

DY'MCHITZ Não misture alhos com bugalhos... O que os dentes têm a ver com isso?

LIUDMILA Traga-me umas gotas contra dor de dente... Estou morrendo de dor.

Dy'mchitz sai e topa com Viskóvski no quarto contínuo.

VISKÓVSKI Está suando, mestre?

DY'MCHITZ Ela está com dor de dente.

VISKÓVSKI Acontece...

DY'MCHITZ Acontece também de não doerem.

VISKÓVSKI É tapeação, Isaac Márkovitch, é tapeação com toda a certeza.

FILIPP Ela está inventando, Issak Márkovitch, não é dor de dente coisa nenhuma...

LIUDMILA (*arrumou os cabelos diante do espelho. Esbelta, alegre, corada, ela passeia pelo quarto e canta*)

"Meu amado é alto e esbelto.
Meu amado é terno e cruel,
O cordão de seda fustiga dolorosamente..."

DY'MCHITZ Não sou mais um menino, Evguéni Aleksándrovitch, foi-se o tempo em que eu era menino.

VISKÓVSKI Às ordens.

LIUDMILA (*tirando o fone do gancho*) 3-75-02. É você, papai? Sim, estou muito bem... Nádia Johanson e seu marido estavam no teatro. Estou jantando na casa de Isaac Márkovitch... Você tem de ver a Spessivtseva, sem falta, ela substitui a Pávlova... Tomou seu remédio? Você precisa sarar... Sua filha é inteligente, papai, é uma tremenda mentirosa... Katiucha, é você? Sua ordem, minha senhora, foi cumprida. *Le manège continue, j'ai mal aux dents ce soir.*[32] (*Anda pelo quarto, canta, ajeita os cabelos.*)

DY'MCHITZ E pode estar certa que da próxima vez eu não estarei em casa para ela.

VISKÓVSKI Isso é assunto seu.

---

32 Em francês, no original: "a artimanha continua, esta noite estou com dor de dentes". (N. T.)

DY'MCHITZ Porque qualquer um pode me perguntar sobre meus filhos e minha mulher, menos ela.

VISKÓVSKI Às ordens.

DY'MCHITZ Se quer saber, essa gente não é digna nem de amarrar os sapatos da minha mulher, nem o cordão de um sapato.

QUADRO IV

Na casa de Viskóvski. Ele está metido em botas e calças de montaria, sem paletó, o colarinho da camisa desabotoado. Sobre a mesa há garrafas, bebeu-se muito. Na otomana estão reclinados Krávtchenko, corado e de baixa estatura, vestindo uniforme militar, e madame Dora, uma mulher magra, vestida de preto, com um pente espanhol nos cabelos e brincos enormes que balançam.

VISKÓVSKI Um golpe, Iachka...[33]
"Conheci o poder de uma única força.
Uma só, mas ardente paixão..."[34]

KRÁVTCHENKO De quanto você precisa?

VISKÓVSKI Dez mil libras. Um golpe... Alguma vez já viu uma libra esterlina, Iachka?

KRÁVTCHENKO E tudo com os fios de pérolas?

VISKÓVSKI Chega de fios!... Brilhantes. De três quilates, água-marinha, puros, sem jaça. Em Paris não aceitam outros.

KRÁVTCHENKO Acho que desses já não há.

VISKÓVSKI Em toda a casa há brilhantes, é preciso saber tomá-los... Nos Rímski-Kórsakov há, nos Chakhovskói... Ainda há diamantes na São Petersburgo imperial.

---

33 Diminutivo de Iákov. (N. T.)

34 Versos do poeta M. I. Liérmontov (1814-1841). (N. T.)

KRÁVTCHENKO Você não sairá um comerciante vermelho, Evguéni Aleksándrovitch.

VISKÓVSKI Sairei, sim! Meu pai comerciava: trocava propriedades por garanhões O exército se rende, camarada Krávtchenko, mas não morre.

KRÁVTCHENKO Você devia chamar a Mukóvnina... A mulher está toda afobada aí no corredor...

VISKÓVSKI A Paris, Iachka, eu chegarei como um senhor.

KRÁVTCHENKO Onde terá se metido esse Dy'mchitz?

VISKÓVSKI Deve estar enfiado no banheiro ou jogando sessenta-e-seis com o curlandês e a Shapiro... (*Abre a porta.*) *Miss,*[35] venha se aquecer... (*Sai ao corredor.*)

DORA (*beija as mãos de Krávtchenko*) Você é a luz da minha vida! É um deus!

Entram Liudmila metida num casaco de peles e Viskóvski.

LIUDMILA Isso é inconcebível! Tínhamos combinado...

VISKÓVSKI A palavra dada vale mais que o dinheiro.

LIUDMILA Tínhamos combinado que eu viria às oito. Agora faltam quinze para as dez... E nem a chave deixou... Onde terá se metido?

VISKÓVSKI Foi tratar dos negócios e logo estará de volta.

LIUDMILA Seja como for, de cavalheiros essa gente não tem nada...

---

35 Em inglês transliterado, no original. (N. T.)

VISKÓVSKI Beba um pouco de vodca, menina.

LIUDMILA Está bem, vou aceitar, estou morrendo de frio... Seja como for, é inconcebível!

VISKÓVSKI Permita-me apresentá-las: Liudmila Nikoláievna, madame Dora, cidadã da República Francesa – *Liberté, Egalité, Fraternité*![36] Entre outras coisas tem o mérito de possuir um passaporte estrangeiro.

LIUDMILA (*estendendo a mão*) Mukóvnina.

VISKÓVSKI Iachka Krávtchenko você já conhece: subtenente durante a guerra e agora artilheiro do Exército Vermelho. Lida com os canhões de dez polegadas da Fortaleza de Kronstadt e pode apontá-los para qualquer direção.

KRÁVTCHENKO Evguéni Aleksándrovitch anda inspirado, hoje.

VISKÓVSKI Para qualquer direção... É possível imaginar tudo, Iachka. Se lhe ordenarem destruir a rua onde nasceu, você a destruirá; se for um orfanato, você dirá: "Canhão dois zero oito!" e bombardeará o orfanato. Você fará isso, Iachka, contanto que lhe permitam continuar existindo, arranhar seu violão, dormir com mulheres magras; você é gordo e gosta das magras... Você será capaz de qualquer coisa, e se lhe disserem para renegar sua mãe três vezes, você a renegará. Mas não se trata só disso, Iachka, trata-se de que eles irão além: não lhe permitirão beber vodca na companhia de quem lhe apetece, hão de

36 Em francês, no original. (N. T.)

obrigá-lo a ler livros chatos, e as canções que lhe ensinarem também serão chatas... Daí, você ficará furioso, artilheiro vermelho, ficará furibundo, os olhos irão lhe saltar das órbitas... Receberá a visita de dois cidadãos: "Vamos, camarada Krávtchenko...". Você perguntará: "Posso levar minhas coisas comigo?" "Não precisa, camarada Krávtchenko, é coisa rápida, um interrogatório, coisa de somenos..." E será o seu fim, artilheiro vermelho, e isso custará só quatro copeques. Calcula-se que a bala de uma Colt custe quatro copeques e nem um centavo a mais.

DORA Jacques, leve-me para casa...

VISKÓVSKI À sua saúde, Iákov! À vitória da França, madame Dora!

LIUDMILA (*a quem não param de servir bebida*) Vou lá ver se ele voltou...

VISKÓVSKI Está tratando dos negócios e já vem... Diga-me, marquesa, a lorota dos dentes foi a senhorita que inventou?

LIUDMILA Fui eu, sim... Gostou? (*Ri.*) A verdade é que hoje não dá para ser de outro jeito. Os judeus têm de respeitar a mulher da qual querem se tornar íntimos.

VISKÓVSKI Olho para você, Liuka, e você parece uma passarinha...[37] Vamos beber, passarinha!

LIUDMILA Agora vai me cortejar. Você misturou alguma coisa a esta bebida, Viskóvski.

VISKÓVSKI Passarinha... Todas as forças dos Mukóvnin

37 "Ferreirinha", no original: pássaro conirostro, também conhecido como mejengra, cedovém, ferreiro e chapim-real. (N. T.)

foram para Maria; para você sobrou apenas uma fileira de dentes pequenos.

LIUDMILA Não tem graça, Viskóvski.

VISKÓVSKI Também não gosto do seu seio pequeno... O seio da mulher deve ser belo, farto, indefeso, como o de uma ovelha...

KRÁVTCHENKO Estamos de saída, Evguéni Aleksándrovitch.

VISKÓVSKI Vocês não vão a parte alguma... Passarinha, case-se comigo.

LIUDMILA Não, prefiro o Dy'mchitz... Sei o que é casar com você: embebeda-se hoje, amanhã passa a bebedeira, depois se manda sabe-se lá para onde, daí leva um tiro... Não, prefiro o Dy'mchitz.

KRÁVTCHENKO Deixe-nos ir, Evguéni Aleksándrovitch, tenha a bondade!

VISKÓVSKI Vocês não vão a parte alguma... Um brinde! Um brinde à mulher. (*A Dora.*) Esta é Liuka... A irmã dela chama-se Maria.

KRÁVTCHENKO Maria Nikoláievna está no exército, se não me engano?

LIUDMILA Atualmente está na fronteira.

VISKÓVSKI No fronte, no fronte, Krávtchenko. Um ajudante de cozinha está no comando de sua divisão.

LIUDMILA Viskóvski, isso não é verdade. Ele é metalúrgico.

VISKÓVSKI Um ajudante de cozinha chamado Akim... Bebamos à saúde das mulheres, madame Dora! As mulheres amam os subtenentes, os ajudantes de cozinha, os fiscais da Fazenda, os chineses... O negócio delas é amar, e a polícia que cuide do resto.

(*Ergue o copo.*) À saúde das doces mulheres, das maravilhosas mulheres que nos amaram ainda que só por uma hora... Às vezes, aliás, nem por uma hora. Uma teia de aranha. Depois a teia de aranha se desfez... A irmã dela chama-se Maria... Imagine você, Iachka, apaixonar-se por uma impe-ratriz. "Você é um canalha, fora daqui!"

LIUDMILA (*ri*) É bem esse o jeito de Macha...

VISKÓVSKI "Você é um canalha, fora daqui..." Depois de rechaçar a Cavalaria, ela resolveu ir à rua Furchtádtskaia, número dezesseis, apartamento quatro...

LIUDMILA Cuidado com o que fala, Viskóvski!

VISKÓVSKI Um brinde à artilharia de Kronstadt, Iacha! Resolveu ir à rua Furchtádtskaia. Maria Nikoláievna saiu de casa num *tailleur*[38] cinza. Comprou violetas na ponte da Trindade e prendeu-as na lapela do casaco... O príncipe, que toca violoncelo, o príncipe tinha limpado seu apartamento de solteiro, amontoado a roupa suja embaixo do armário e levado a louça por lavar à sobreloja... Café e *petits fours*[39] tinham sido preparados na rua Furchtádtskaia. Tomaram o café. Ela levou consigo a primavera e as violetas e apoiou os pés em cima do sofá. Ele cobriu-lhe as pernas fortes e delicadas com um xale, ela o recompensou com um sorriso alentador e dócil, um sorriso triste e alentador... Ela enlaçou

---

38 Em francês, no original. (N. T.)

39 Em francês, no original. (N. T.)

sua cabeça encanecida... "Príncipe! O que está lhe acontecendo, príncipe?" Mas a voz do príncipe soou como a de um cantor do papa. *Passe, rien ne va plus.*[40]

LIUDMILA Deus, que maldoso!

VISKÓVSKI Imagine, Iachka, a imperatriz tira o sutiã, as meias e as calcinhas na sua frente... Pode ser que você também ficasse intimidado, Iachka... (*Liudmila Nikoláievna joga a cabeça para trás, rindo às gargalhadas.*) Ela saiu da Furchtádtskaia, número dezesseis... Onde está a sola de seu pé, para que eu possa beijá-la? Onde está a sola de seu pé? Mas esperemos que o tal Akim tenha uma voz mais forte... Qual é sua opinião, Liudmila Nikoláievna?

LIUDMILA Viskóvski, você misturou alguma coisa a esta vodca... Minha cabeça está rodando...

VISKÓVSKI Venha cá, sua titica! (*Agarra-a com força pelos ombros e puxa-a para si.*) Quanto Dy'mchitz lhe pagou pelo anel?

LIUDMILA Do que você está falando?

VISKÓVSKI O anel não é seu, é de sua irmã. Você vendeu um anel que não lhe pertence.

LIUDMILA Deixe-me.

VISKÓVSKI (*empurrando-a para uma porta lateral*) Venha comigo, sua titica!

---

40 Em francês, no original: "Acabaram-se as apostas". (N. T.)

No quarto permanecem Dora e Krávtchenko. Na janela, o lento raio de um refletor. Dora, despenteada e de olhos arregalados, aproxima-se de Krávtchenko, beija-lhe as mãos, geme, balbucia. Entra Filipp, caminhando na ponta dos pés descalços; sem se apressar, retira da mesa vinho, salame e pão.

FILIPP (*em voz baixa, inclinando a cabeça para o lado*) Você se incomoda, Iákov Ivánovitch?

Krávtchenko abana a cabeça e o inválido sai, caminhando cautelosamente com os pés descalços.

DORA Você é a minha luz! Você é um deus! Você é tudo!

Krávtchenko fica em silêncio, ouvindo. Viskóvski entra, acende um cigarro, as mãos lhe tremem. A porta que dá para o cômodo contíguo está aberta. Atirada no sofá, a Mukóvnina chora.

VISKÓVSKI Calma, Liudmila Nikoláievna, antes de casar sara...

DORA Jacques, quero o nosso quarto... Leve-me para casa, Jacques...

KRÁVTCHENKO Espere, Dora.

VISKÓVSKI A saideira, cidadãos?

KRÁVTCHENKO Espere, Dora.

VISKÓVSKI A saideira, à saúde das senhoras...

KRÁVTCHENKO Isto não é certo, capitão.

VISKÓVSKI O que exatamente não é certo?

KRÁVTCHENKO Os que têm blenorragia não vão para a cama com as mulheres, senhor Viskóvski.

VISKÓVSKI (*com voz de oficial*) O que disse?

Pausa. O choro cessa.

KRÁVTCHENKO Eu disse que os portadores de gonorréia...

VISKÓVSKI Tire os óculos, Krávtchenko. Vou lhe arrebentar a cara! (*Krávtchenko saca o revólver.*) Muito bem.

Krávtchenko dispara. Cortina. Atrás da cortina ouvem-se tiros, corpos que caem, o grito de uma mulher.

QUADRO V

Casa dos Mukóvnin. Num canto, a velha ama dorme enrodilhada em cima de um baú. Sobre a mesa, o círculo de luz da lâmpada. Kátia lê uma carta para Mukóvnin.

KÁTIA "Ao amanhecer, sou acordada pela corneta do esquadrão do Estado-Maior. Lá pelas oito, tenho de estar na seção política, onde faço de tudo... Corrijo artigos para o jornal da divisão, dirijo a escola para a erradicação do analfabetismo. Nossos soldados de reforço são ucranianos; pela língua e pelo modo de se expressarem, eles me lembram os italianos. Durante séculos a Rússia oficial oprimiu e humilhou a cultura deles... Em nossa casa de Petersburgo, na rua Milliónnaia, em frente ao Ermitage e ao Palácio de Inverno, vivemos como na Polinésia, sem conhecer o nosso povo e sem desconfiar sequer de sua existência... Na aula de ontem, li no livro do papai o capítulo sobre o assassínio do tzar Paulo.[41] Era tão evidente que o imperador merecia essa punição, que ninguém teve dúvidas; perguntaram-me, isso sim – e aqui se vê o bom senso das pessoas simples –, sobre a disposição do regimento, dos aposentos do palácio, sobre a com-

41 Paulo I (1754-1801), imperador da Rússia a partir de 1796, filho de Pedro III e Catarina II. Declarou guerra à França em 1798, dois anos após sua ascensão ao trono, tornando-se mais tarde aliado de Napoleão contra a Inglaterra. Foi assassinado por um grupo de oficiais de sua confiança, enquanto seu filho, o futuro tzar Alexandre I, permanecia impassível em seus aposentos. (N. T.)

panhia que estava de guarda naquele dia, sobre os conspiradores que foram recrutados e de que modo Paulo os tinha ofendido... Sonho sempre com a vinda de papai para cá no verão, desde que os poloneses não se ponham em marcha... Verá, meu querido papai, o novo exército, o novo quartel, que se contrapõe àquele sobre o qual o senhor conta. Nessa época, nosso parque estará todo verde e florido, os cavalos engordarão no pasto, as selas estarão prontas... Falei com Akim Iványtch[42] e ele está de acordo, desde que tudo aí em casa esteja correndo bem, meus queridos... Já é noite. Terminei tarde as minhas obrigações e subi para o meu quarto pelos degraus gastos, que têm quatro séculos. Moro numa pequena torre, num aposento abobadado que no passado serviu de sala de armas aos condes Krásnitzki. O castelo está situado numa escarpa abrupta, aos pés da qual há um rio azul, prados que se estendem a perder de vista e, ao longe, o muro nebuloso de uma floresta... Em cada andar do castelo há um nicho escavado no muro para os sentinelas: dali eles espiavam a aproximação de tártaros e russos, e derramavam óleo fervente sobre as cabeças dos assaltantes. A velha Hedwiga, governanta do último Krásnitzki, preparou-me o jantar e acendeu a lareira negra e profunda como um subterrâneo... No parque lá embaixo, os cavalos pateiam, cochilando. Cossacos do Kuban jantam em volta de uma fogueira e entoam

42 Forma apocopada do patronímico Ivánovitch. (N. T.)

uma canção. A neve pousou sobre as árvores, os ramos dos carvalhos e das castanheiras estão entrelaçados e um manto de prata irregular cobriu os caminhos do parque e as estátuas. Elas se salvaram: jovens atirando lanças, deusas nuas e hirtas de braços dobrados, com seus cabelos ondulados e olhos cegos... Hedwiga cochila e sua cabeça oscila, a lenha na lareira estala e desmorona. Os séculos tornaram os tijolos sonoros como cristal, e agora, enquanto lhes escrevo, eles refletem uma luz dourada... Tenho uma fotografia do Aliocha[43] em cima da mesa... Aqui estão os mesmos homens que não hesitaram em matá-lo. Acabei de deixá-los, após ter contribuído para sua liberação... Será que agi bem, Aleksei, que cumpri seu testamento de viver corajosamente? E aquilo que nele há de imortal não me repudia... É tarde, não consigo dormir por causa de uma inexplicável angústia que sinto por vocês e de medo dos sonhos. Em sonhos, vejo perseguições, torturas, mortes. Vivo numa estranha mistura de intimidade com a natureza e de inquietação com vocês. Por que Liuka escreve tão raramente? Dias atrás mandei-lhe um papel assinado por Akim Ivánovitch, dizendo que não têm o direito de requisitar o meu quarto, uma vez que estou servindo ao exército. Além disso, papai deve ter uma autorização por escrito para conservar a biblioteca. Se por acaso a validade tiver caducado, é preciso renová-la no Comissariado do Povo para a Educação,

---

43 Diminutivo de Aleksei. (N. T.)

perto da ponte Tchernichev, sala quarenta. Ficarei feliz se Liuka conseguir formar sua família, mas é indispensável que esse homem freqüente a nossa casa, conheça papai, cujo coração não se engana. E que a ama também o veja... Katiucha vive se queixando da velha, que ela não trabalha. Katiucha, a ama está velha, criou duas gerações de Mukóvnin, tem suas próprias idéias e sentimentos, não é uma pessoa simplória... Sempre achei que ela tem pouco de camponês, mas o que sabemos nós dos camponeses em nossa Polinésia? Dizem que em Petersburgo está se tornando cada vez mais difícil encontrar víveres; os que não trabalham têm seus quartos e roupas confiscados... Sinto vergonha de vivermos tão bem. Duas vezes Akim Ivánovitch levou-me à caça junto com ele, tenho um cavalo de sela, um cavalo do Don..." (*Kátia levanta a cabeça.*) Como pode ver, Nikolai Vassílievitch, tudo vai bem.. (*Mukóvnin cobre os olhos com a palma da mão.*) Não precisa chorar...

MUKÓVNIN Pergunto a Deus – cada um de nós tem o deus do seu coração –, porque me deste a mim, homem mau e egoísta, duas filhas como a Macha e a Liuka?

KÁTIA Mas isto é muito bom, Nikolai Vassílievitch. Para que chorar?

QUADRO VI

Delegacia de polícia, noite. Um bêbado está encolhido embaixo de um banco. Move os dedos diante do próprio rosto, como se quisesse convencer a si mesmo de algo. Sobre o banco dorme um velho corpulento, bem vestido, com uma peliça de guaxinim e um gorro alto. A peliça está desabotoada e deixa à mostra o peito cinzento, nu. O inspetor interroga a Mukóvnina. Seu gorrinho de toupeira está vestido de través, tem os cabelos em desordem, o casaco de peles cai-lhe dos ombros.

INSPETOR Nome?

LIUDMILA Deixe-me ir.

INSPETOR Nome?

LIUDMILA Varvara.

INSPETOR Patronímico?

LIUDMILA Ivanovna

INSPETOR Onde trabalha?

LIUDMILA Na Laferme, numa fábrica de tabaco.

INSPETOR A carteira do sindicato?

LIUDMILA Não trago comigo

INSPETOR Por que está inventando histórias?

LIUDMILA Sou casada... Deixe-me ir...

INSPETOR Diga, que interesse tem em inventar histórias? Conhece Bry'lev faz tempo?

LIUDMILA De quem está falando? Eu não conheço.

INSPETOR As ordens para os fios de pérolas eram assinadas por Bry'lev e através de você chegavam a Gutman; onde fica o depósito?

LIUDMILA Do que está falando? Qual depósito?

INSPETOR Logo saberá qual... (*A um policial.*) Chame a Kalmy'kova.

O policial faz entrar Chura Kalmy'kova, camareira da pensão da Avenida Niévski, 86.

INSPETOR Você é a camareira?

KALMY'KOVA Sou a substituta dela.

INSPETOR Reconhece a cidadã?

KALMY'KOVA Reconheço muito bem.

INSPETOR O que tem a declarar?

KALMY'KOVA Posso responder umas perguntas... O pai dela é general.

INSPETOR Ela trabalha?

KALMY'KOVA Atiçar os homens é o trabalho dela.

INSPETOR Tem marido?

KALMY'KOVA Casaram-se num matagal... Tem uma penca de maridos. Um deles passou a tarde inteira escondido no banheiro por culpa dos dentes dessa mulher.

INSPETOR Que dentes? Do que está falando?

KALMY'KOVA Liudmila Nikoláievna sabe de que dentes estou falando.

INSPETOR (*a Mukóvnina*) Já foi presa? Quantas vezes?

LIUDMILA Fui contagiada... Estou doente.

INSPETOR (*a Kalmy'kova*) Precisamos comprovar quantas vezes foi presa.

KALMY'KOVA Isso eu não sei, não posso dizer... Não vou dizer o que não sei.

LIUDMILA Estou agoniada... Deixe-me ir...

INSPETOR Não se agite! Olhe para mim.

LIUDMILA Minha cabeça está rodando... Vou cair...

INSPETOR Olhe para mim!

LIUDMILA Meu Deus, olhar para você a troco de quê?

INSPETOR (*furioso*) Por que faz cinco dias que não durmo... Você é capaz de compreender isso?

LIUDMILA Sou.

INSPETOR (*aproxima-se dela, agarra-a pelos ombros, fitando-a nos olhos*) Quantas prisões, diga...

QUADRO VII

Casa dos Mukóvnin. Os lampiões estão acesos. Sombras nas paredes e no teto. Golítzyn reza diante de uma lâmpada votiva acesa. A ama dorme em cima do baú.

GOLÍTZYN ...em verdade, em verdade vos digo: se um grão de trigo, ao cair na terra, não morrer, então permanecerá sozinho, mas se morrer, então trará muitos frutos. Quem ama sua própria alma haverá de perdê-la, mas quem odeia sua própria alma haverá de conservá-la na vida eterna. Quem me serve que me siga, e onde eu esteja, estará também quem me serve, e este será honrado por meu pai. Minha alma está aflita, e o que posso dizer? Pai, livrai-me desta hora, ainda que para esta hora eu mesmo tenha vindo...

KÁTIA (*aproxima-se silenciosamente, coloca-se ao lado de Golítzyn, apoia a cabeça no ombro dele*) Meus encontros com Riedko acontecem no comando, Serguei Illariónovitch, numa antiga antesala, em que há um sofá coberto por um linóleo... Eu chego, Riedko tranca a porta, e logo depois a porta é reaberta...

GOLÍTZYN Pois é.

KÁTIA Vou para Borissogliebsk, príncipe.

GOLÍTZYN Pois vá.

KÁTIA Riedko só faz me ensinar, me ensina a quem devo amar e a quem odiar.... Diz que é a lei dos grandes números. Mas eu sou um número pequeno, ou isso não conta?

GOLÍTZYN Deve contar.

KÁTIA Pois é, deve contar... De modo que também estou livre, ama... Acorde. Queira acordar. Por causa do sono perderia o reino dos céus...

NEFIÓDOVNA (*levanta a cabeça*) Cadê a Liuka?

KÁTIA A Liuka deve estar chegando, ama, e eu estou partindo, não vai mais levar bronca de ninguém.

NEFIÓDOVNA E levar bronca por quê? O que foi que eu fiz? Sou ama, fui chamada para as crianças, para criar as crianças, e aqui não há crianças... A casa está cheia de mulheres, mas não há crianças. Uma foi à guerra e faz uma falta danada, a outra vive a bater pernas sem rumo... Como é que pode uma casa sem crianças?

KÁTIA Vamos lhe arranjar uma com a ajuda do Espírito Santo...

NEFIÓDOVNA A senhorita – acha que eu não vejo? – fala que fala, mas tudo sem pé nem cabeça.

GOLÍTZYN Vá para Borissogliebsk, lá precisam de você... Borissogliebsk é um deserto, Katerina Viatcheslavna, nesse deserto as feras devoram-se entre si...

NEFIÓDOVNA Os Mólostov, que não passam de vendeiros, conseguiram uma pensão de cinqüenta rublos por mês para a ama... Interceda por mim, príncipe, por que não me arranjam uma pensão?

GOLÍTZYN (*atiçando o fogo na estufa*) Ninguém me dá ouvidos, Nefiódovna, não tenho mais nenhuma influência.

NEFIÓDOVNA Mas se aqueles lá não passam de vendeiros.

A porta se abre. Mukóvnin retrocede ante Filipp, enorme e disforme, coberto de andrajos e com um capuz na cabeça. Metade do rosto de Filipp é coberto de carne esponjosa, ele calça botas de feltro.

MUKÓVNIN Quem é o senhor?

FILIPP (*aproximando-se*) Sou conhecido de Liudmila Nikoláievna.

MUKÓVNIN E o que deseja?

FILIPP É que aconteceu uma grande confusão, Excelência.

KÁTIA O senhor vem da parte de Isaac Márkovitch?

FILIPP Exatamente, da parte de Isaac Márkovitch... Parece que tudo começou por causa de uma coisinha à toa.

KÁTIA E Liudmila Nikoláievna?

FILIPP Ela também estava lá, junto com eles... Exageraram um pouco, Excelência. De um lado, estava Evguéni Aleksándrovitch, e contra ele Iákov Iványtch: começaram a brigar, estavam meio altos...

GOLÍTZYN Nikolai Vassílievitch, falarei eu com este camarada.

FILIPP Não aconteceu nada especial, foi só um mal-entendido... Os dois meio altos, estavam armados...

MUKÓVNIN Onde está minha filha?

FILIPP Não se sabe, Excelência.

MUKÓVNIN Onde está minha filha? Diga! Pode me dizer tudo.

FILIPP (*a meia voz*) Foi trancafiada.

MUKÓVNIN Olhei a morte nos olhos. Sou um soldado.

FILIPP (*mais alto*) Foi trancafiada, Excelência.

MUKÓVNIN Foi presa, mas por quê?

FILIPP Parece que tudo começou por causa de uma doença. Iákov Ivánovitch disse: "Você está espalhando a doença", e Evguéni Aleksándrovitch começou a disparar. Estavam armados... daí ela...

MUKÓVNIN Foi a Tcheká?[44]

FILIPP Uns homens levaram, e quem sabe quem são? Eles agora não usam uniformes, Excelência, não se expõem.

MUKÓVNIN É preciso ir até o Smólni,[45] Kátia.

KÁTIA O senhor não vai a lugar nenhum, Nikolai Vassílievitch.

MUKÓVNIN É preciso ir ao Smólni agora mesmo.

KÁTIA Nikolai Vassílievitch, meu caro...

MUKÓVNIN O fato, Kátia, é que minha filha deve me ser devolvida. (*Dirige-se ao telefone.*) Por favor, o comando militar do distrito...

KÁTIA Não é preciso, Nikolai Vassílievitch!

MUKÓVNIN Queira chamar o camarada Riedko ao telefone... É Mukóvnin quem fala... Não posso lhe explicar melhor quem está falando, camarada; antigamente eu era general-intendente do Sexto Exército... Camarada Riedko, é o senhor? Como tem

---

44 Sigla formada a partir das iniciais de «Comissão Extraordinária», a polícia política secreta que atuou na Rússia de 1917 a 1922. (N. T.)

45 Palácio de S. Petersburgo, que abrigava diversos órgãos do governo pós-revolucionário, antes da transferência da capital para Moscou. (N. T.)

passado, Fiódor Nikítitch? Mukóvnin falando. Desejo-lhe saúde... Sinto muito tirá-lo de seus afazeres... Hoje à noite, Fiódor Nikítitch, minha filha Liudmila foi levada por homens armados, do prédio número 86 da Avenida Niévski. Não lhe peço que interceda por ela, Fiódor Nikítitch, pois sei que em sua organização isso não se admite, mas queria apenas comunicar-lhe que preciso ver minha filha mais velha, Maria Nikoláievna. Acontece que nos últimos tempos ando indisposto, Fiódor Nikítitch, e sinto necessidade de aconselhar-me com Maria Nikoláievna. Mandamos telegramas e cartas urgentes, sei que Katerina Viatcheslavna chegou até a incomodá-lo, mas não obtivemos resposta... Peço-lhe que me coloque em comunicação com ela através da linha direta, Fiódor Nikítitch... Posso acrescentar que fui convocado a Moscou pelo general Brussílov para consultas sobre o serviço... Diz que foi entregue? Entregue no dia oito? Agradeço-lhe de coração e desejo-lhe sucesso, Fiódor Nikítitch. (*Pendura o fone.*) Está tudo bem, encontraram Macha, o telegrama foi entregue no dia oito. Ela estará em Petersburgo amanhã ou depois de amanhã, o mais tardar. É preciso arrumar o quarto de Macha, Nefiódovna – levantar amanhã bem cedo e arrumar... Katiucha tem razão: o apartamento está abandonado. Deixamos tudo terrivelmente largado nesses últimos tempos, há poeira por toda a parte. É preciso cobrir os móveis. Temos as coberturas, Katiucha?

KÁTIA Não para todos os móveis, mas temos.

MUKÓVNIN (*perambulando pelo aposento*) É preciso cobrir tudo, sem falta... Macha ficará contente de encontrar tudo como deixou. Por que não ter conforto, quando possível? E Kátia também já não se diverte em nossa casa; você não tem se divertido, Katiucha, não vai ao teatro e acabará ficando por fora.

KÁTIA Macha voltando, eu irei.

MUKÓVNIN (*ao inválido*) Perdão, qual o seu nome e patronímico?

FILIPP Filipp Andréievitch.

MUKÓVNIN Por que não se senta, Filipp Andréievitch? Nem lhe agradecemos pelo incômodo... É preciso oferecer alguma coisa a Filipp Andréievitch... Ama, temos em casa o que oferecer? Nossa casa é sua, Filipp Andréievitch; não faça cerimônia, a honra é nossa. Vamos, sem falta, apresentá-lo a Maria Nikoláievna...

KÁTIA Precisa descansar, Nikolai Vassílievitch, precisa se deitar.

MUKÓVNIN E se quer saber, eu não estou nem um pouco preocupado com a Liuka. Isso é uma lição, uma lição por sua criancice e falta de experiência... Se quer saber, estou contente... (*Tem um sobressalto, interrompe-se, cai numa cadeira. Kátia corre acudi-lo.*) Calma, Kátia, calma...

KÁTIA O que foi?

MUKÓVNIN Nada, é o coração...

Kátia e Golítzyn pegam-no pelos braços, saem.

FILIPP Ficou transtornado.

NEFIÓDOVNA (*pondo a mesa*) Levaram a senhorita na sua frente?

FILIPP Na minha frente.

NEFIÓDOVNA Debateu-se?

FILIPP Primeiro ela se debateu, depois acompanhou-os sem protestar.

NEFIÓDOVNA Vou lhe dar batata, tem pudim...

FILIPP Acredite, vovó, preparamos um monte de raviolis, mas quando começou a confusão, sumiram todinhos, num abrir e fechar de olhos.

NEFIÓDOVNA (*colocando a batata diante de Filipp*) Foi na guerra que lhe queimaram a cara?

FILIPP Queimaram minha cara em tempos de paz; é uma história antiga...

NEFIÓDOVNA Haverá guerra? O que se diz entre vocês?

FILIPP (*comendo*) A guerra, vovó, será no mês de agosto.

NEFIÓDOVNA Com os poloneses, não é?

FILIPP Com os poloneses.

NEFIÓDOVNA Não devolveram tudo a eles?

FILIPP Eles, vovó, querem que seu país se estenda de um mar a outro. Querem que hoje seja tudo como era nos tempos antigos.

NEFIÓDOVNA Ai, que imbecis!

Entra Kátia.

KÁTIA Nikolai Vassílievitch está muito mal. Precisa chamar o médico.

FILIPP Agora o médico não virá, senhorita.

KÁTIA Ele está morrendo, ama, o nariz está azulado... Já está com cara de morto...

FILIPP Os médicos estão trancados em casa, não saem nem a tiro.

KÁTIA É preciso ir à farmácia atrás de oxigênio...

FILIPP Sua Excelência é sindicalizado?

KÁTIA Não sei... Nós aqui não sabemos nada.

FILIPP Se não for, não darão.

Um toque estridente de campainha. Filipp vai atender, volta.)

FILIPP Lá... lá... Maria Nikoláievna...

KÁTIA Macha?!

Kátia avança pela sala, estendendo os braços; ela chora, detém-se, cobre o rosto com as mãos, em seguida abaixa-as. Diante dela, está um jovem soldado do Exército Vermelho, um rapaz de pernas compridas e mais ou menos dezenove anos, que arrasta um saco atrás de si. Entra Golítsyn e detém-se junto à porta.

SOLDADO Boa noite!

KÁTIA Meu Deus, Macha!

SOLDADO Aqui estão os víveres que Maria Nikoláievna mandou para vocês.

KÁTIA Onde é que ela está? Veio com você?

SOLDADO Maria Nikoláievna está agora na divisão, estão todos em seus postos... Há também outras coisas aqui: um par de botas...

KÁTIA Ela não veio com você?

SOLDADO Lá os combates já começaram, camaradas; como ela poderia vir?

KÁTIA Nós mandamos telegramas, cartas...

SOLDADO Vocês podem mandar o que bem quiserem, que dá tudo na mesma.... Agora todas as nossas unidades estão noite e dia em movimento.

KÁTIA Você irá vê-la?

SOLDADO Claro que sim... Se querem que lhe dê algum recado...

KÁTIA Sim, diga-lhe, por favor... Diga-lhe que o seu pai está morrendo e que já não temos esperança de salvá-lo. Diga-lhe que, ao morrer, ele chamou por ela... Liuka, a irmã dela, já não mora mais conosco, foi presa. Diga que desejamos felicidade a Maria Nikoláievna, que ela não pense nos dias e horas que não esteve aqui conosco...

O soldado do Exército Vermelho olha ao redor e recua. Mukóvnin sai cambaleando de seu quarto. Seus olhos vagam a esmo, os cabelos estão eriçados, ele sorri.

MUKÓVNIN Veja, Macha, você não estava e eu não fiquei doente, estive bem o tempo todo, Macha... (*Vê o soldado do Exército Vermelho.*) Quem é? (*Repete cada vez mais alto.*) Quem é? Quem é? (*Cai.*)

NEFIÓDOVNA (*ajoelhando-se ao lado de Mukóvnin*). Então, Kólia,[46] já está partindo? E nem vai esperar a sua ama...

O velho estertora. Agonia.

46 Diminutivo de Nikolai. (N. T.)

QUADRO VIII

Meio-dia. Luz ofuscante. Pela janela se enxergam as colunas do Ermitage mergulhadas no sol, e um canto do Palácio de Inverno. A sala dos Mukóvnin está vazia. No fundo, Andrei e o aprendiz Kuzmá, rapaz de cara grande, estão encerando o assoalho. Agacha grita à janela.

AGACHA Niuchka, sua peste, não deixe a criança se sujar na parede! Onde meteu os olhos? Está sentada em cima deles? Você cresceu tanto que é capaz de furar o céu, mas não tem nada na cabeça! Tikhon, escute aqui, Tikhon, por que deixou o galpão escancarado? Trate de fechar esse galpão... Bom dia, Egórovna! Você não me emprestava um pouco de sal até o dia primeiro? No dia primeiro eu consigo um cupom de racionamento e lhe devolvo. Minha filha vai passar aí na sua casa, encha o potinho, até o dia primeiro... Tikhon, escute aqui, Tikhon, você passou na casa dos Novoséltzev? Quando é que eles se mandam?

VOZ DE TIKHON Dizem que não têm para onde ir.

AGACHA Vir morar aqui eles souberam, pois que saibam cair fora... Dê até o domingo de prazo, depois disso vai ter briga, fale exatamente assim... Niuchka, sua peste, olhe aí, a criança está enfiando terra no nariz! Leve o menino pra cima, já pra casa lavar os vidros! (*Ao encerador.*) E então, chefe, dando muito duro?

ANDREI A gente se esforça...

AGACHA Não parece... Esqueceram os cantos.

ANDREI Que cantos?

AGACHA Todos os quatro, e o chão está avermelhado. Por acaso ele deve ficar avermelhado? A cor dele não é absolutamente esta.

ANDREI O material hoje em dia já não é o mesmo, patroa.

AGACHA Quer me tapear e ainda dá mau exemplo pro moleque... Mas cobrar, que é bom, você sabe!

ANDREI E em resposta, Agrafena,[47] eu lhe digo que não encarregaria nem meu pior inimigo de ser o primeiro a limpar o chão depois da revolução... Aqui, depois disso, tem quatro dedos de sujeira acumulada, que não sai nem com a plaina. Eu merecia uma medalha por limpar assoalhos depois da revolução, e você me cai na alma...

No fundo passam Súchkin e Kátia, que está de luto.

SÚCHKIN Se compro é porque sou um fanático do ramo de móveis; é por um gosto pessoal que eu não posso passar reto por um móvel antigo; sou louco por coisas antigas. Comprar objetos volumosos hoje em dia é amarrar uma corda no pescoço e se enforcar com ela, Katerina Viatcheslavna... Hoje você faz uma compra dos seus sonhos, mas amanhã seu martírio é não ter onde colocá-la.

47 Nome próprio, cujo diminutivo é Agacha. (N. T.)

KÁTIA O senhor se esquece, Aristarkh Petróvitch, de que aqui não há um único objeto de má qualidade. São móveis que os Stroganov mandaram vir de Paris faz cem anos.

SÚCHKIN Por isso estou oferendo um bilhão e duzentos.

KÁTIA O que significa hoje esse bilhão, traduzido em pão?

SÚCHKIN Mas não é em pão que a senhora deve traduzi-lo, e sim na loucura que, como um apreciador, estou cometendo ao comprá-los. Ficar hoje em dia com objetos volumosos é coisa de loucos, e eu serei um sério candidato ao manicômio... (*Mudando de tom.*) Tenho aqui o meu pessoal a postos... (*Grita para baixo.*) Rapaziada, vamos lá, subam com as cordas!

AGACHA (*adiantando-se*) Vamos lá, aonde?

SÚCHKIN Com quem tenho a honra e o prazer?

KÁTIA Esta é a vigia do nosso quintal, Aristarkh Petróvitch.

AGACHA Bem, digamos que sou a porteira.

SÚCHKIN Muito prazer. Então, agora o negócio é o seguinte: a senhora nos ajuda, por assim dizer, a tirar os móveis, que, em troca, nós a estaremos ajudando.

AGACHA Assim não vai dar certo, cidadão.

SÚCHKIN Exatamente o quê não vai dar certo?

AGACHA Aqui vão se instalar pessoas transferidas do porão...

SÚCHKIN É do nosso interesse, naturalmente, saber que pessoas serão transferidas para cá...

AGACHA E onde é que elas vão arranjar mobília?

SÚCHKIN Isso, cidadã, não temos o menor interesse em saber.

KÁTIA Agacha, foi Maria Nikoláievna que me encarregou de fazer a venda...

SÚCHKIN Queira me desculpar, cidadã, mas estes móveis são seus?

AGACHA Os móveis não são meus, mas tampouco são seus.

SÚCHKIN Em primeiro lugar, devo lhe dizer que nunca comemos no mesmo prato, e em segundo, cidadã, digo-lhe que está procurando sarna para se coçar.

AGACHA Traga uma ordem, que eu libero os móveis.

KÁTIA Agacha, os móveis pertencem a Maria Nikoláievna, você sabe disso...

AGACHA O que sabia, senhorita, eu esqueci, agora estou apreendendo tudo de novo.

SÚCHKIN Veja lá, sua bruxa, você vai se danar!

AGACHA Não me xingue, que eu enxoto você daqui...

KÁTIA Vamos embora, Aristarkh Petróvitch.

SÚCHKIN Isto é abuso de autoridade, sua bruxa.

AGACHA Traga uma ordem, que eu libero.

SÚCHKIN Vamos conversar em outro lugar.

AGACHA Pode ser na Gorokhovaia,[48] se quiser.

KÁTIA Vamos embora, Aristarkh Petróvitch.

SÚCHKIN Eu vou, mas hei de voltar, e não voltarei sozinho!

AGACHA Isso que a senhorita está fazendo não é nada bom.

---

48 Rua em que se situava a sede central da polícia secreta (*Tcheká*) em S. Petersburgo. (N. T.)

Saem. Andrei e Kuzmá terminam de encerar e recolhem suas ferramentas.

KUZMÁ Ela deu uma bela raspança neles.

ANDREI Mulherzinha de língua afiada está aí!

KUZMÁ Já estava aqui na época do general?

ANDREI Quando o general morava aqui, ela vivia de cabeça baixa, não levantava a crista.

KUZMÁ O general era muito briguento?

ANDREI Briguento por quê? Não era nem um pouco briguento. Se você chegava, ele apertava sua mão, cumprimentava... O povo também gostava dele.

KUZMÁ Como é que pode uma coisa dessa, o povo gostar de um general?

ANDREI Gostávamos por pura estupidez... Ele não fazia mal além do necessário. Cortava a própria lenha.

KUZMÁ Era velho?

ANDREI Não era tão velho assim.

KUZMÁ Mas morreu...

ANDREI Kuzmá, meu rapaz, não morre quem está velho, mas quem já cumpriu o seu tempo. Portanto, a hora dele tinha chegado.

Entram Agacha, o operário Safónov, um rapaz ossudo e silencioso, e sua mulher Eliena, jovem de uns vinte anos, alta, com um rosto pequeno e luminoso, nos últimos dias de gravidez. Estão todos carregados de utensílios domésticos, arrastando consigo banquetas, colchões, um fogãozinho a querosene.

ANDREI Espere, espere, deixe estender um trapo...

AGACHA Entre, Safónov, não tenha medo. Você vai se instalar aqui.

ELIENA Para nós qualquer coisa já servia, não precisava ser tão boa...

AGACHA Acostume-se ao que há de bom.

ANDREI É fácil acostumar-se ao que há de bom.

AGACHA À esquerda fica a cozinha, lá o banheiro para se lavar... Vamos, patrão, buscar o resto... Você vá se sentar, Eliena, não ande, que pode ter um aborto.

Agacha e Safónov saem. Andrei junta seus petrechos: escovões, baldes. Eliena senta-se numa banqueta.

ANDREI E então, estão de casa nova?

ELIENA Parece um lugar incômodo, de tão grande...

ANDREI Para quando é o parto?

ELIENA Vou à maternidade amanhã.

ANDREI É coisa muito simples. Vai à rua Moika, ao palácio, não é?

ELIENA É, lá na Moika.

ANDREI Aquele palácio – que hoje se chama Palácio da Mãe e do Filho – em outros tempos foi construído para um pastor, a mando de uma imperatriz, e agora as mulheres do povo vão lá dar à luz. É assim que deve ser, é muito simples.

ELIENA Irei amanhã. Ora tenho medo, tio Andrei, ora não tenho.

ANDREI Não há o que temer: parir é como espirrar. Todas as suas fibras estarão trabalhando a seu favor, você vai se livrar, depois disso não irá nem se reconhecer.

ELIENA Tenho a bacia estreita, tio Andrei...

ANDREI Pedirão à sua bacia, ela se deslocará... Às vezes, você vê mulheres miúdas, com um tufo de cabelos, perninhas e bracinhos insignificantes, que fabricam cada mujique, capaz de esvaziar um balde de vodca e matar um touro a soco... A cada um o seu ofício... (*Põe o saco nos ombros.*) Você quer menino ou menina?

ELIENA Para mim tanto faz, tio Andrei.

ANDREI É verdade, dá na mesma... No meu entender, as crianças que estão sendo gestadas agora deverão ter uma vida melhor. E como poderia ser de outro modo? (*Reúne seus instrumentos.*) Vamos, Kuzmá... (*Para Eliena.*) Parir é como espirrar, a cada um o seu ofício... Vamos, cossaco.

Os enceradores saem. Eliena abre as janelas, entram o sol e o barulho da rua. Com a barriga empinada, a mulher caminha cuidadosamente ao longo das paredes, apoiando-se; dá uma olhada nos aposentos contíguos, acende e apaga o lustre. Entra Niuchka, uma moça enorme e corada, com um balde e um trapo, para lavar a janela. Ela sobe ao parapeito, mete a barra da saia entre as pernas acima do joelho, réstias de sol derramam-se sobre ela. Semelhante a uma estátua que sustenta a abóboda celeste, ela se destaca sobre o fundo do céu primaveril.

ELIENA Não vem conhecer minha casa nova, Niuchka?

NIUCHKA (*com voz de baixo*) Se me convidar, eu vou, mas o que vai me oferecer?

ELIENA Não posso oferecer muita coisa, o que tiver...

NIUCHKA Ofereça algo doce, vermelho... (*Inesperadamente, põe-se a cantar com voz aguda.*)

"Cavalgava o cossaco pelo vale,
Atravessando os confins da Manchúria,
Cavalgava por um jardim verdejante.
Um anel brilhava em seu dedo.
O anel que a cossaca lhe dera
Quando o cossaco fora à guerra.
Ela dera o presente, dizendo:
'Daqui a um ano serei sua'.
E um ano já tinha passado..."

Cortina.

ORIGEM DOS TEXTOS

HISTÓRIA DO MEU POMBAL

"Istoriya moyei golubyatni", publicado originalmente em *Krasnaya Gazeta*, edições vespertinas de 18, 19 e 20 de maio de 1925; recolhido em *Istoriya moyei golubyatni. Rasskazy* (Moscou e Leningrado, 1926).

MAMÃE, RIMMA E ALLA

"Mama, Rimma i Alla", publicado originalmente em *Letopis*, 1916.

UMA CARTA

"Pismó", escrito em 1920; publicado originalmente em *Izsvestiya Odesskovo Gubispolkoma*, 11 de fevereiro de 1923; recolhido no volume *Konarmiya* (Moscou, 1926).

A MORTE DE DOLGUCHOV

"Smert Dolgucheva", escrito em 1920; publicado originalmente em *Izsvestiya Odesskovo Gubispolkoma*, 1 de maio de 1923; recolhido em *Konarmiya*.

MEU PRIMEIRO GANSO

"Moi pervii gus", escrito em 1920; publicado originalmente em *Izsvestiya Odesskovo Gubispolkoma*, 4 de maio de 1924; recolhido em *Konarmiya*.

MARIA

"Maryia", publicada originalmente em *Teatr i dramaturgiya* 3, 1935.

A pedido de Antonina Pirozhkova, segunda esposa de Bábel, e Nathalie Babel, filha do primeiro casamento do escritor, fez-se a tradução a partir dos textos estabelecidos e publicados em *Sochineniya* (Moscou: Khudozhestvenaia Litieratura, 1990).

TIPOLOGIA | Baskerville Book e Bureau Grotesque
PAPEL | Pólen Print 120 gr/m^2 Suzano
IMPRESSÃO | Geográfica
TIRAGEM | 3.000 exemplares